LA SUTIL
artimaña de
SATANÁS

LOS DOS ESPÍRITUS DEMONÍACOS
DE LOS CUALES TODOS LOS
DEMONIOS OBTIENEN SUS FUERZAS

STEVE FOSS

CASA
CREACIÓN

La mayoría de los productos de Casa Creación están disponibles a un precio con descuento en cantidades de mayoreo para promociones de ventas, ofertas especiales, levantar fondos y atender necesidades educativas. Para más información, escriba a Casa Creación, 600 Rinehart Road, Lake Mary, Florida, 32746; o llame al teléfono (407) 333-7117 en Estados Unidos.

La sutil artimaña de Satanás por Steve Foss
Publicado por Casa Creación
Una compañía de Charisma Media
600 Rinehart Road
Lake Mary, Florida 32746
www.casacreacion.com

Originally published in the U.S.A. under the title:

Satan's Dirty Little Secret
Published by Charisma House, a Charisma Media
company
Lake Mary, Florida 32746 USA
Copyright © 2012 Steve Foss
All rights reserved

Traducido por: pica6.com (Danaé G. Sánchez Rivera y
Salvador Equiarte D. G.)
Director de diseño: Bill Johnson

Nota de la editorial: Aunque el autor hizo todo lo
posible por proveer teléfonos y páginas de Internet
correctas al momento de la publicación de este libro, ni
la editorial ni el autor se responsabilizan por errores o
cambios que puedan surgir luego de haberse publicado.

Library of Congress Control Number: 2011944002
ISBN: 978-1-61638-538-5
E-book ISBN: 978-1-61638-558-3

Impreso en los Estados Unidos de América
12 13 14 15 16 * 7 6 5 4 3 2

CONTENIDO

Prólogo por Morris Cerullo vii

Introducción... 1

1   La estrategia de Satanás al descubierto................... 3

2   Una trampa en el huerto 11

3   El pecado de la comparación.................................. 15

4   La trampa de la publicidad 21

5   El abismo del dinero 27

6   La identidad perdida 35

7   Entre la espada y la pared 43

8   El cristiano atrapado 51

9   Las claves para una guerra espiritual exitosa.........55

10 El verdadero y el falso arrepentimiento 63

11 La jugada final de Satanás 73

12 El trono del juicio.. 83

13 Los muros de temor 97

14 El poder del amor ágape 111

15 Espíritu de sabiduría y de revelación 121

16 Ojos para ver 131

17 Caminar en libertad 145

    Notas..149

CONTENIDO

Prólogo por Morris Cerullo vii

Introducción... 1

1   La estrategia de Satanás al descubierto................... 3

2   Una trampa en el huerto 11

3   El pecado de la comparación................................... 15

4   La trampa de la publicidad 21

5   El abismo del dinero 27

6   La identidad perdida 35

7   Entre la espada y la pared 43

8   El cristiano atrapado 51

9   Las claves para una guerra espiritual exitosa..........55

10   El verdadero y el falso arrepentimiento 63

11   La jugada final de Satanás 73

12   El trono del juicio.. 83

13   Los muros de temor 97

14   El poder del amor ágape 111

15   Espíritu de sabiduría y de revelación 121

16   Ojos para ver 131

17   Caminar en libertad 145

Notas...149

PRÓLOGO

DIOS DE VERDAD ha utilizado al pastor Steve Foss para poner al descubierto una de las estrategias más peligrosas que el diablo utiliza para evitar que el pueblo de Dios alcance su potencial. Las revelaciones de Steve no provienen de una torre de marfil, sino de un ministerio cara a cara con decenas de miles de jóvenes y cientos de miles de personas en el extranjero, así como de servicios de avivamiento en todo Estados Unidos.

A través de la diligencia de Steve para aplicar lo que yo le enseñé—a no lidiar con los problemas superficiales, sino penetrar el mundo espiritual para derrotar al enemigo— Steve ha sido recompensado con valiosas porciones de verdad contra las estratagemas del diablo que aquí comparte con el Cuerpo de Cristo.

DR. MORRIS CERULLO
PRESIDENTE, MORRIS CERULLO WORLD EVANGELISM

INTRODUCCIÓN

HAN EXISTIDO ALGUNOS momentos y ocasiones en las que Dios le ha abierto los ojos a una generación hacia el plano espiritual y que le ha revelado verdades escondidas. Nosotros estamos viviendo en uno de esos tiempos. El espíritu de sabiduría y de revelación ha estado abriendo los ojos del pueblo de Dios como nunca antes. Las estrategias de Satanás están siendo desenmascaradas y la Iglesia está a punto de embarcarse en el mayor periodo de guerra espiritual y de victoria que se haya conocido jamás.

La naturaleza profética de este libro puede hacerlo difícil de asimilar. No es fácil experimentar la revelación de las fortalezas escondidas. A todos nos gusta sentir que estamos haciéndolo todo bien, pero Dios desea que seamos libres. La Escritura declara que si el Hijo nos liberta, somos verdaderamente libres (Juan 8:36). Seremos libres solamente al entrar en la verdad.

Las verdades que aborda este escrito profético cambiarán incluso al cristiano más comprometido. Algunas veces resulta impactante y acelerado. Tómese el tiempo para leer, y releer, los capítulos. Permita que el Espíritu de Dios lo lleve a las profundidades de la libertad que solamente vienen cuando un abismo llama a otro (Salmos 42:7).

El propósito de este escrito profético no es entretenerlo con lindas historias y anécdotas. Es romper la columna de la estrategia mejor escondida del enemigo y llevar al pueblo de Dios a niveles mayores de libertad. Oro por que la unción de Dios esté sobre usted y que las palabras de Cristo lo cambien.

1
LA ESTRATEGIA DE SATANÁS AL DESCUBIERTO

Pues no ignoramos sus maquinaciones.
2 CORINTIOS 2:11

"PUES NO IGNORAMOS sus maquinaciones" (2 Corintios 2:11). Esa fue la declaración que el apóstol Pablo hizo hace dos mil años, una declaración del conocimiento de las estrategias del enemigo, un conocimiento que se ha perdido en nuestros días. Las trampas que el enemigo nos ha puesto en la actualidad son las mismas que hace dos mil años. Satanás no está levando a cabo nada nuevo en estos días. Él todavía no ha tenido una idea original. Está jugando el mismo juego que ha llevado desde el huerto de Edén.

Si usted es como muchos cristianos, probablemente ha pensado que si hubiera estado en ese huerto, seguramente no habría desobedecido el mandamiento de Dios y comido del árbol de la ciencia del bien y del mal (Génesis 2:17). Sin embargo, esta misma tentación se nos presenta todos los días de nuestra vida. Satanás nos desafía con las mismas preguntas que le hizo a Eva. Y, lamentablemente, casi todos los días, comemos del árbol. El fruto nos ata y dicta casi cada movimiento que hacemos.

La guerra para vencer al pecado, a menudo parece ser una tarea abrumadora para la mayoría. Creemos en la obra

3

consumada de Jesús en la cruz y, sin embargo, nos encontramos atados en un ciclo continuo al ceder a la tentación. Es probable que algunos de los lectores sientan un poco de orgullo en este momento, porque piensan poder manejar bien el pecado. Quizá se encuentre en una condición peor. La realidad es que la Iglesia tiende a limitar el pecado a los pecados morales graves: la mentira, el engaño, el adulterio, la fornicación, la embriaguez y cosas por el estilo. Pero la fortaleza del pecado va mucho más profundo en nuestra vida.

El pecado afecta la manera en que pensamos, lo que imaginamos, lo que compramos, lo que vendemos, lo que recolectamos y lo que damos. Afecta la manera en que adoramos, en que trabajamos y en que vivimos en todos los aspectos de nuestra vida. Nos lleva a las relaciones equivocadas y a relacionarnos erróneamente entre nosotros. El pecado domina nuestros puntos de vista, nuestra ética laboral y, de manera perturbadora, domina la manera en que conducimos el ministerio.

El mismo fruto de ese árbol del huerto, nos está siendo ofrecido en nuestra vida y continuamos comiéndolo, a menudo en nombre de Dios. El punto central de todos nuestros problemas es el árbol de la ciencia del bien y del mal. Ahí es donde todo comienza y donde puede terminar. Lo que suceda aquí diariamente es lo que determinará si la victoria que Cristo nos compró será una verdad viva en nuestra vida. Una vez más, Dios está a punto de abrir los ojos de una generación hacia las estrategias de Satanás.

Dios destruirá la ventaja más poderosa de Satanás, por revelación: su capacidad de operar en medio de la ignorancia. En este libro revelaremos la estrategia más diabólica de Satanás, cómo funciona y cómo afecta nuestra vida. Expondremos sus estratagemas e iremos rumbo a la verdadera libertad. Oro por que juntos tengamos la experiencia de Isaías y digamos: "¡Ay de mí! que soy muerto!" (Isaías 6:5). Oh, que Dios nos dé un encuentro tal con la verdad, que las fortalezas del árbol de la ciencia del bien y del mal se quebranten permanentemente en nuestra vida.

LA VISIÓN

Fue a principios de 1991. Yo era el pastor de jóvenes de una iglesia de Georgia. Solamente había estado en el puesto durante dos meses cuando fui invitado a hablar en el estudio bíblico de una escuela de educación media-superior local. Me pidieron hablar durante dos semanas seguidas. Acepté de inmediato y comencé a planear mi estrategia.

Este era un terreno bautista radical: bautista del sur, conservador, que rechazaba lo pentecostal. Yo, por otro lado, era una bola de fuego llena del Espíritu Santo, que imponía manos, creía en los milagros y predicaba acerca de la profecía. Sabía que alrededor de setenta personas asistían cada miércoles por la mañana a este estudio bíblico. También sabía que todos excepto unos cuantos provenían de un trasfondo no carismático/pentecostal.

Me dieron aproximadamente quince minutos para hablar. Mi estrategia fue la siguiente: predicaría una palabra básica acerca de la revelación de Jesús durante la primera semana y después los abordaría con el poder de Dios durante la segunda semana. La primera semana sucedió tal como lo planeé. Predique y estuvieron muy interesados. La unción de revelación fluyó fuertemente. Al final de los quince minutos se encontraron al borde de las sillas con deseo de más. Los tenía justo donde los quería. La semana siguiente iba a sacudirlos.

El día anterior a la segunda reunión me encerré para tener

un tiempo prolongado de oración. Sabía que si quería ver el poder de Dios irrumpir en esas instalaciones, yo tendría que pelear una guerra espiritual intensa. Mi padre espiritual, el Dr. Morris Cerullo, me había entrenado en cómo derribar las fortalezas demoníacas de una región. Al comenzar a orar, yo no tenía idea de que lo que estaba a punto de ocurrir cambiaría para siempre el curso de mi vida.

Tuve dos visiones durante ese tiempo de oración. La primera visión fue de la siguiente reunión. Vi a un joven que nunca había conocido. Me vi llamándolo para que se acercara a la plataforma. Le profetizaba acerca del llamado de Dios para su vida. Simplemente hablaba la palabra de Dios sobre él y caía bajo el poder del Espíritu. En la visión vi su rostro y el lugar exacto donde se sentaría.

La mañana siguiente cuando me levanté para hablar en la reunión, ahí estaba él. Y estaba sentado exactamente donde lo había visto en la visión. Prediqué durante unos cuantos minutos acerca de experimentar el poder de Dios. Entonces llamé a este joven. Se acercó y se colocó frente a mí. Tenía un trasfondo ajeno a la llenura del Espíritu y no tenía idea de lo que estaba a punto de suceder.

Yo no tenía ayudantes, de manera que le pedí a alguien que se colocara detrás de él. El voluntario no sabía lo que iba a ocurrir. Entonces comencé a profetizar sobre este joven acerca del llamado de Dios a su vida para predicar. Él comenzó a llorar. Dijo que la noche anterior le había dicho a su madre por primera vez que Dios lo estaba llamando a ser predicador.

Lo miré entonces a los ojos, a una distancia de metro y medio aproximadamente y dije: "Jesús, ¡llénalo con tu poder ahora!". Tan pronto como lo dije, una ola del poder de Dios inundó el salón y golpeó a este joven. Cayó inmediatamente bajo el poder de Dios sobre los brazos del voluntario, quien estaba completamente sorprendido. Volteé justo a tiempo y vi setenta bocas abiertas y a todos mirando a este joven que estaba siendo sacudido por el poder de Dios. Hice todo lo que pude para evitar reír cuando vi la mirada de asombro en su rostro.

Todos miraban al joven y después a mí, y regresaban su mirada al joven. Se podían escuchar sonidos de asombro en todo el salón. Abrí la Palabra para compartir un par de versículos acerca de lo que acababa de suceder. Entonces sonó la campana y la multitud salió del salón lentamente. No necesito decir que fui el tema de conversación en la escuela al final del día.

Sucedió mucho en esa escuela durante los meses siguientes, pero eso tendrá que esperar para otro libro. Aunque eso fue asombroso, la segunda visión fue lo que cambió mi vida. Después de tener la visión acerca de este joven comencé a entrar en una oración de guerra espiritual. Comencé a atar espíritus demoníacos específicos, aquellos que se espera que operen en una preparatoria. Até la lujuria, las drogas, el odio, la falta de perdón, la fornicación, la pornografía, la violencia, la embriaguez y cosas por el estilo.

Yo tenía bastante experiencia en la guerra espiritual y había obtenido un gran conocimiento de lo que estaba sucediendo en el plano espiritual. Podía sentir si se estaba quebrantando una fortaleza y cuando esta se rompía. Ese día, sin embargo, sentí que no podía progresar. Oraba y oraba, pero parecía como si cada uno de estos espíritus no se movieran.

Al entrar más profundamente en la oración tuve una visión clara. Vi toda la escuela como si me encontrara a varios cientos de metros. Vi el terreno, las instalaciones, el cielo y algo muy extraño.

Vi salir desde debajo de la tierra dos tentáculos gigantes,

uno desde la izquierda del lugar y otro desde la derecha. Eran muy gruesos cerca del suelo y se adelgazaban conforme se elevaban. Los dos tentáculos se entrelazaban en lo alto del centro del lugar, sujetándose fuertemente. Eran enormes.

Me di cuenta entonces, de que adheridos a esos dos tentáculos había espíritus demoníacos. Cada uno tenía un nombre sobre él: lujuria, odio, embriaguez, etcétera. Cada uno tenía lo que parecían dos brazos con los que sujetaban los tentáculos, no desde afuera sino que en realidad estaban enraizados en los tentáculos.

Comencé a atarlos en el nombre de Jesús cuando los vi. Le llamé a la lujuria por su nombre y le ordené que se marchara. Vi al demonio de la lujuria ser azotado y lanzado hacia atrás. Parecía como una hoja en una racha de viento. Fue arqueado y sacudido, pero no se dañaron sus raíces en los tentáculos. Fui de demonio en demonio y sucedió lo mismo. Entre más oraba, eran golpeados con mayor fuerza. Comencé a darme cuenta de que si no hubieran estado enraizados en los tentáculos, mis oraciones los habrían alejado fácilmente del lugar y de los estudiantes.

Le pregunté al Señor, mientras continuaba orando: "¿Qué son estos tentáculos?". Sabía que si podía quebrantar su poder, todos los demás se irían fácilmente. El Señor me dijo estas palabras que cambiaron mi vida. Dios dijo: "Esos son los dos espíritus demoníacos de los que todos los demás espíritus sacan su fuerza".

Esos dos espíritus demoníacos les daban poder a los demás espíritus. Era el filón principal de la revelación. Entonces Dios dijo: "Son los mismos espíritus que Satanás soltó sobre Eva en el huerto. Son los mismos dos demonios que Satanás continúa soltando en la actualidad".

Clamé a Dios: "¿Cuáles son? ¿Cómo se llaman?". Podía ver

fácilmente los nombres de los otros demonios más pequeños, pero no podía ver los nombres de estos. Me asombró la manera en que pensamos que los demonios son grandes y poderosos, cuando en realidad son bastante pequeños. La lujuria, la embriaguez, la adicción a las drogas, la violencia, el odio y el temor son pequeños y relativamente débiles sin estos dos demonios gigantes.

Oré durante un tiempo. Sabía que tenía que ir más profundo en el espíritu para ver lo que estaba por debajo de la superficie. Después de un rato, la visión se amplió. Ahora no solamente podía ver sobre la tierra, sino también vi la tierra por debajo de ese lugar. Cada uno de los tentáculos se curveaban hacia el otro, casi tocándose. Parecían raíces gigantes, como un bulbo: grueso en la parte de abajo y más delgado a medida que se alejaba de la raíz.

Sus nombres se encontraban escritos sobre estas raíces. Uno se llamaba *inseguridad* y el otro se llamaba *inferioridad*.

2
UNA TRAMPA EN EL HUERTO

Entonces la serpiente dijo a la mujer: No moriréis; sino que
sabe Dios que el día que comáis de él, serán abiertos vues-
tros ojos, y seréis como Dios, sabiendo el bien y el mal.

GÉNESIS 3:4—5

Yo NO COMPRENDÍ completamente cuando Dios me mostró los nombres de esos dos espíritus demoníacos. Ni siquiera comprendía en realidad lo que significaba la inferioridad. De manera que tomé un diccionario y busqué ambas palabras. La palabra *inseguridad* significa: "La condición de no estar seguro, confiado o firme".[1] La palabra *inferioridad* significa: "La condición de sentirse en una posición, condición o valor más bajos".[2] Durante la visión, Dios me dijo que estos son los mismos demonios que Satanás soltó sobre Eva en el huerto. Así que después de buscar las definiciones fui a Génesis:

> Pero la serpiente era astuta, más que todos los animales del campo que Jehová Dios había hecho; la cual dijo a la mujer: ¿Conque Dios os ha dicho: No comáis de todo árbol del huerto? Y la mujer respondió a la serpiente: Del fruto de los árboles del huerto podemos comer; pero del fruto del

árbol que está en medio del huerto dijo Dios: No comeréis de él, ni le tocaréis, para que no muráis. Entonces la serpiente dijo a la mujer: No moriréis; sino que sabe Dios que el día que comáis de él, serán abiertos vuestros ojos, y seréis como Dios, sabiendo el bien y el mal. Y vio la mujer que el árbol era bueno para comer, y que era agradable a los ojos, y árbol codiciable para alcanzar la sabiduría; y tomó de su fruto, y comió; y dio también a su marido, el cual comió así como ella.

—GÉNESIS 3:1–6

"¿Conque Dios os ha dicho: No comáis de todo árbol del huerto?". Entonces comienza la trampa. El primer paso de Satanás fue poner en duda la Palabra de Dios. Todas las verdades que Adán y Eva conocían, solamente estaban basadas en lo que Dios les había dicho. La Palabra de Dios era su fuente de verdad. Ellos caminaban con Dios y hablaban con Dios. Él les dio los mandamientos con respecto al huerto y al árbol de la ciencia del bien y del mal.

Toda la seguridad de Eva estaba basada en el supuesto de que todo lo que Dios decía, era verdad. Dios lo decía y eso era suficiente. Ella ni siquiera había considerado preguntarse acerca de la veracidad de la Palabra de Dios. Así que le hizo la pregunta en la que citó incorrectamente lo que Dios había dicho. Satanás dijo: "¿Conque Dios os ha dicho: No comáis de todo árbol del huerto?" (Génesis 3:1). Eva respondió rápidamente con lo que Dios sí había dicho: "Y la mujer respondió a la serpiente: Del fruto de los árboles del huerto podemos comer; pero del fruto del árbol que está en medio del huerto dijo Dios: No comeréis de él, ni le tocaréis, para que no muráis" (Génesis 3:2–3).

En este punto, Eva respondió correctamente a la afirmación errónea. Pero no estaba participando en una conversación en la que debería de participar. Satanás ahora estaba listo para soltar al primero de los dos espíritus demoníacos sobre Eva. "Entonces la serpiente dijo a la mujer: No moriréis" (Génesis 3:4). El primer espíritu demoníaco ahora había sido soltado. Él soltó *inseguridad* sobre ella.

Él sabía que toda su seguridad estaba basada sobre la confianza absoluta de que todo lo que Dios decía, era verdad. De pronto fue confrontada con la posibilidad de que Dios fuera un mentiroso. Ella comenzó a sentir que su mundo entero se estaba colapsando a su alrededor. Sintió que ya no podía confiar en la segura Palabra de Dios. Comenzó a sentirse *insegura*.

Satanás soltó al segundo de su dúo dinámico de espíritus demoníacos, sin dudar: la *inferioridad*. Dijo: "Sino que sabe Dios que el día que comáis de él, serán abiertos vuestros ojos, y seréis como Dios, sabiendo el bien y el mal" (Génesis 3:5). Ahora, no solamente estaba siendo asaltada por la inseguridad, sintiéndose como si todo lo que conociera como verdad estuviera siendo puesto en tela de juicio, sino que Eva creyó que ella no era quien creía ser.

La imagen de Dios

La Biblia declara en Génesis 1:27: "Y creó Dios al hombre a su imagen, a imagen de Dios lo creó; varón y hembra los creó". Adán y Eva ya eran a la imagen de Dios. Tenían una plena condición espiritual. Dios nunca quiso que el hombre tuviera la ciencia del bien y del mal. Satanás tomó lo bueno y lo hizo sonar como malo. Ahora Eva sentía que se le había omitido algo, que le faltaba algo. Ella se sintió fuera de posición o de nivel. Ahora se sentía *inferior*. Satanás la tenía justo donde deseaba. Ella se sintió insegura e inferior. Llena de estas nuevas emociones, ahora estaba abrumada y desesperada por recuperar su sensación de seguridad y de estatura. En este punto, aunque sus emociones la estaban abrumando, ella no había perdido su verdadera seguridad ni su estatura. Solamente creía haberlas perdido.

Satanás le dio un golpe aplastante a Eva, quien tenía las emociones de cabeza, con estos dos espíritus demoníacos que la asaltaron. Le ofreció una solución a su dilema en medio del ataque. Dijo: "Sino que sabe Dios que el día que comáis de él, *serán abiertos vuestros ojos, y seréis como Dios*, sabiendo el bien y el mal" (Génesis 3:5, énfasis añadido). "Eva, todo lo que debes hacer es comer este fruto y tendrás de vuelta tu seguridad y tu posición te será restituida. 'Serás como Dios'".

Ella tomó el fruto. Cuando lo mordió, desobedeciendo la Palabra de Dios, ella perdió todo lo que estaba intentando recuperar. Ahora había perdido su seguridad y su posición. Ahora había caído. Satanás tuvo éxito. El hombre había pecado contra Dios y la unión pura entre Dios y el hombre fue rota. Ahora la muerte había entrado en la humanidad: la muerte espiritual, la muerte emocional, la muerte relacional y finalmente, la muerte física.

Comer el fruto provocó exactamente aquello de lo que Eva estaba tratando de liberarse. A partir de este punto, el hombre pelearía para siempre esta misma batalla. La inseguridad y la inferioridad ahora habían entrado en el mundo y todos los demás espíritus demoníacos tenían un punto de acceso con el cual atacar y esclavizar a la humanidad. Satanás no ha cambiado su estrategia. Hasta este día utiliza a los mismos dos espíritus demoníacos para hacer que la humanidad coma del fruto mortal que esclaviza.

3
EL PECADO DE LA COMPARACIÓN

Pero ellos, midiéndose a sí mismos por sí mismos, y comparándose consigo mismos, no son juiciosos.

2 CORINTIOS 10:12

L A INSEGURIDAD Y la inferioridad son dos entradas a través de las cuales obtienen acceso los demás espíritus. En el huerto, Eva fue engañada para creer que Dios le había mentido y que ella no era quien pensaba ser. Ella sintió inseguridad, porque no sabía cuál era la verdad. Se sintió inferior, porque pensó que Dios le había dicho cosas erróneas y que en realidad se estaba reservando lo mejor que tenía. Hasta hoy, las mismas dos mentiras permean en nuestra sociedad. Se ha dado un ataque interminable contra la validez de la Palabra de Dios. El desafío a la Palabra de Dios es evidente a dondequiera que voltee.

Sintonice simplemente las noticias nocturnas o alguna comedia de situación, y escuchará que se cuestionan la Palabra de Dios y sus principios. La gente llama malo a lo bueno y bueno a lo malo. Los valores, las verdades y la autoridad de la Palabra de Dios son constantemente desafiados y puestos en tela de juicio.

En las iglesias en todo Estados Unidos incluso, los pastores temen predicar la Palabra pura de Dios. Predican a un Dios de amor, pero evitan al Dios de juicio. ¿No es interesante que la serpiente también evite el tema del juicio? Dijo que Dios no nos juzgará. "No moriréis" (Génesis 3:4).

Predicamos un evangelio sensiblemente cultural que a menudo no es sensible a Dios. Estamos más interesados en atraer a la gente con un mensaje positivo que en llevarles lo único que puede hacerlos libres. La única capacidad de Eva para resistir las estratagemas del enemigo era confiar en la verdad de la Palabra de Dios. Antes de profundizar en la revelación de la inseguridad y la inferioridad, y de cómo afectan casi todas las áreas de nuestra vida, necesitamos recordar el pecado original.

El pecado original

Lucifer fue el mayor de los ángeles. Su belleza lo excedía todo. No había otro mayor que él mas que Dios:

> Tú, querubín grande, protector, yo te puse en el santo monte de Dios, allí estuviste; en medio de las piedras de fuego te paseabas. Perfecto eras en todos tus caminos desde el día que fuiste creado, hasta que se halló en ti maldad.
> —Ezequiel 28:14–15

En este estado de perfección absoluta sucedió un terrible acontecimiento: Lucifer quitó sus ojos de Dios y se vio a sí mismo.

> Se enalteció tu corazón a causa de tu *hermosura*, corrompiste tu sabiduría a causa de tu *esplendor*;

yo te arrojaré por tierra; delante de los reyes te
pondré para que miren en ti.
—EZEQUIEL 28:17, ÉNFASIS AÑADIDO

La Escritura declara que la maldad sucedió primero en su
interior: en su corazón.

Perfecto eras en todos tus caminos desde el día
que fuiste creado, *hasta que se halló en ti maldad*.
—EZEQUIEL 28:15, ÉNFASIS AÑADIDO

Lucifer comenzó a compararse con Dios y con los demás.
Con Dios: él vio que la belleza de Dios sobrepasaba la suya
propia. Con la creación: se dio cuenta de que su belleza y su
esplendor no tenían igual. Se sintió inferior a Dios y superior
a los demás. Su solución fue simple.

Tú que decías en tu corazón: Subiré al cielo; en
lo alto, junto a las estrellas de Dios, levantaré mi
trono, y en el monte del testimonio me sentaré, a
los lados del norte; sobre las alturas de las nubes
subiré, y *seré semejante al Altísimo*.
—ISAÍAS 14:13–14

Él se comparó a sí mismo con otro. Deseaba volverse como
Dios. Para que la inferioridad exista, debe haber una comparación. Supongamos que un niño nace en una aldea remota
y que nunca ha tenido contacto con gente fuera de su aldea.
Supongamos también que todos los de su aldea tienen orejas
muy largas. Aunque él ve orejas largas, estas son normales
para él. Pero deje que vea una aldea donde la gente tenga
orejas pequeñas e inmediatamente comenzará a compararse.

Las mirará y notará la diferencia. Es probable que se sienta inferior o superior a esa gente.

Fue involucrado en lo que yo llamo el pecado de la comparación. Se mira a usted mismo y entonces se compara con otra persona. Esto es lo que lucifer hizo en el cielo. Es lo que la serpiente hizo que Eva hiciera en el huerto:

> Sino que sabe Dios (Elohim) que el día que comáis de él, serán abiertos vuestros ojos, y *seréis como Dios* (elohim), sabiendo el bien y el mal.
> —GÉNESIS 3:5, ÉNFASIS AÑADIDO

Es lo mismo que hacemos todos los días de nuestra vida. Constantemente nos estamos comparando en todo tipo de situaciones. Deténgase un momento y piense en las últimas horas de su día. ¿Con qué frecuencia ha pensado en que tal o cual persona era lista o tonta, hermosa o poco atractiva, arrogante o humilde?

Nos comparamos constantemente con otros y otros se comparan con nosotros. Nosotros como cristianos lo hacemos también. Siempre nos estamos midiendo a nosotros con nosotros mismos. Deseamos ser más espirituales como tal o cual persona y tener una mayor iglesia como la que está al final de la calle. O volteamos la cara de la moneda en nuestro "éxito" y sentimos que somos mejores que los demás por esos logros. La Biblia llama pecado a la comparación. Cuando nos comparamos a nosotros mismos por nosotros mismos, no estamos siendo sabios.

> Porque no nos atrevemos a contarnos ni a compararnos con algunos que se alaban a sí mismos;

> pero ellos, *midiéndose a sí mismos por sí mismos*, y
> comparándose consigo mismos, *no son juiciosos.*
> —2 Corintios 10:12, énfasis añadido

Dios no desea que nos comparemos a nosotros mismos con otros. Él dice que eso no es sabio. Para entrar en la comparación, debemos estar orientados internamente. Debemos mirarnos primeramente a nosotros mismos. Cuando nos dirigimos por la ruta de la comparación terminamos con un juicio acerca de quienes somos, acerca de nuestro estado actual.

> Yo en muy poco tengo el ser juzgado por vosotros,
> o por tribunal humano; y *ni aun yo me juzgo a mí
> mismo.* Porque aunque de nada tengo mala con-
> ciencia, no por eso soy justificado; pero *el que me
> juzga es el Señor.*
> —1 Corintios 4:3–4, énfasis añadido

Pablo se dio cuenta de que no tenía una perspectiva real de quién era. Aunque pensaba ser inocente en todas las áreas, él se dio cuenta de que no podía tener un verdadero entendimiento fuera de Dios. Cuando nos dirigimos por el camino de la comparación, hemos entrado en la ruta del engaño. Comenzamos a juzgar de acuerdo con nuestra propia perspectiva, visión, opiniones, gustos y aversiones. Eso nos lleva a no tener nuestros ojos en Dios y, por ende, a no ver la verdad.

Comparamos las cosas en todos los aspectos de nuestra vida. Algo está caliente o algo está frío. A eso no me refiero aquí. Cuando las comparaciones nos llevan a hacer juicios acerca de nosotros mismos hacia los demás es cuando comenzamos a caminar por la cuerda floja.

La comparación es el primer paso hacia la inseguridad y

la inferioridad. Una vez que la inferioridad y la inseguridad se arraigan, les dan a los espíritus demoníacos un punto de apoyo del cual sujetarse. El problema siempre comienza cuando apartamos nuestros ojos de Dios.

4

LA TRAMPA DE LA PUBLICIDAD

Con Cristo estoy juntamente crucificado, y ya no vivo yo, mas vive
Cristo en mí; y lo que ahora vivo en la carne, lo vivo en la fe del
Hijo de Dios, el cual me amó y se entregó a sí mismo por mí.

GÁLATAS 2:20

E
N LA ACTUALIDAD somos inundados por un número de mensajes e imágenes sin precedentes, todos ellos disputándose nuestra atención. Nunca antes en la historia de la humanidad el hombre tuvo que lidiar con un torrente tal de información. En solo un día de ver la televisión, podemos llenarnos de más información nueva e imágenes que una persona de la antigüedad puedo haber recibido en toda una vida.

Todos están intentado que su mensaje se nos presente para persuadirnos a pensar como ellos. Esto es más evidente en el área de la publicidad. La publicidad ha sido refinada hasta ser un arte que tiene la capacidad de provocar que las masas salgan y compren un producto, aunque el producto no sea tan bueno.

En la industria del cine, los estudios han aprendido cómo atraer a las grandes masas para asistir al estreno de una película relativamente mala, todo con una hábil campaña publicitaria. En la industria de los productos de consumo, los publicistas han utilizado una de las estrategias de Satanás para seducir a la sociedad a comprar sus mercancías. Sin satanizar el consumismo, debemos examinar honestamente a nuestra sociedad capitalista y los efectos que el enemigo ha ejercido sobre ella. Si no comenzamos por reconocer las estrategias de Satanás seremos constantemente sacudidos y llevados a otros niveles de esclavitud.

Debemos reconocer primeramente que la economía estadounidense no es conducida por principios bíblicos con el propósito de promover el Reino del cielo. El sistema capitalista estadounidense está predominantemente dirigido por la codicia. Cuando escuchamos reportes de que las corporaciones "maquillan las cuentas" para inflar el valor de sus compañías con el fin de que algunos roben millones de dólares, estamos viendo la evidencia de esta codicia.

Este tipo de revelaciones no deben asombrarnos. Ha estado sucediendo mucho más que eso, pero la mayoría de los perpetradores nunca son atrapados. La motivación de la mayoría de las compañías es hacer dinero a toda costa. No están interesadas en nuestro bienestar, a menos que ese interés signifique un aumento potencial en sus ingresos.

Una vez más debo reiterar que no estoy intentando satanizar todos los negocios. Existen muchas personas piadosas en los negocios, que operan bajo un llamado más alto que la simple misión de hacer dinero. Si no fuera por estas personas piadosas en nuestra sociedad, las cosas serían mucho peor. Sin embargo, incluso con estas personas, la mayor parte de la cultura occidental continúa siendo conducida por la codicia.

En la industria de los productos de consumo encontramos que prevalece el uso de la inseguridad y la inferioridad. Estas son utilizadas para hacer que deseemos comprar un producto con el fin de calmar nuestra inseguridad o nuestra inferioridad. Por ejemplo, a principios de la década de 1970, a la gente no le molestaba en realidad las personas que sentían ocasionalmente comezón en la cabeza. Entonces, una empresa comenzó a ejecutar una campaña publicitaria exitosa que mostraba a un hombre bien parecido y a una mujer bella dirigiéndose rápidamente hacia una cena romántica. De pronto, uno de ellos se rascaba la cabeza y al otro le daba asco, y eso lo desanimaba completamente.

El mensaje que se estaba enviando era evidente: las personas tienen una mala opinión de uno si se tiene caspa (inferioridad). Entonces el comercial mostraba a la misma persona en la ducha utilizando cierto champú. En la escena final, las mismas personas se dirigían hacia una cena romántica. Pero esta vez, debido a que se utilizó el champú, ya no tenían el cuero cabelludo descamado ni comezón. Se encontraron y fue amor a primera vista.

El comercial fue justo conforme al plan del enemigo de desatar los espíritus de inseguridad y de inferioridad en la sociedad. Los comerciales decían básicamente: "Si no compra este producto, se perderá del amor de su vida. Será una persona menos atractiva. Así que, tome esto y cómalo. Lo hará sabio, fuerte, poderoso e influyente". ¿Le suena?

Muchas empresas utilizan esta misma estrategia. Las compañías automovilísticas son conocidas por ello. Si conducimos tal o cual coche, entonces tenemos el respeto de los demás. La gente bella será atraída a usted. Usted será un gran símbolo de estatus. Usted es superior con él producto e inferior sin él.

La moda se maneja con el mismo principio. Ni Dios quiera que lo vean con la moda del año pasado. ¿Por qué? ¿Se debe a que la ropa está desgastada? Ni de broma. Se debe a que la industria ha hecho un trabajo imperioso al hacernos sentir inseguros e inferiores si no tenemos lo más nuevo, lo último, lo mejor, etc. Es por ello que la ropa de diseñador se vende a precios muy altos. La publicidad dice que somos mejores si vestimos Tommy Hilfiger. Somos más populares si tenemos zapatos Air Jordan. Y la lista continúa.

Nuestra sociedad está obsesionada con la manera en que lucimos. Gastamos miles de millones de dólares desperdiciados en ropa que rara vez utilizamos. Los armarios están llenos de ropa del año anterior, la cual no utilizaremos de nuevo, porque ni muertos nos atraparán vistiéndola: zapatos, abrigos, chamarras, sombreros, cualquier cosa.

La inseguridad y la inferioridad prevalecen posiblemente en el sector de la salud y el cuidado físico. Nos dicen a través de la publicidad y de los medios que la moda es estar sumamente delgado. Si tenemos un poco de grasa en la sección media, entonces somos menos atractivos. Y ser menos atractivos nos hace sentir inseguros e inferiores.

¿De dónde sacamos esta idea perversa con respecto a nuestro valor? Dios declaró claramente que la verdadera belleza se encuentra en el interior (1 Pedro 3:3–4). Sin embargo, ignoramos su Palabra y somos conducidos con el mundo para mejorar nuestra apariencia. Hacemos dietas sin fin. Nos inscribimos en clubes deportivos y gastamos miles de millones en aparatos para hacer ejercicio, todo para tener el cuerpo "perfecto".

¿A quién no le gustaría perder un poco de peso o estilizar y tonificar esas zonas fofas de su cuerpo? ¿Quién no desearía los pectorales que vemos en la televisión y en las revistas? No hay nada malo con estar en forma, pero la mayor parte de los ejercicios y las dietas modernos no se tratan en realidad acerca de la salud, sino de la apariencia física.

Puede usted decir: "Hermano Steve, ¿está mal desear verse bien?". Mi respuesta es simple. ¿Verse bien a los ojos de quién? ¿A quién está intentando impresionar? ¿Está intentando llamar la atención de quién? ¿Qué carencia en usted mismo está intentando suplir? Si la inseguridad y/o la inferioridad son la raíz de su deseo de mejorar su apariencia, entonces una vez más está comiendo del árbol de la ciencia del bien y del mal. De nuevo está alimentando su inseguridad y su inferioridad.

Ahora bien, no es malo hacer dieta o ejercitarse. Eso puede ser muy bueno para usted si se llevan a cabo para agradar a la persona correcta. La razón debe ser tener un cuerpo sano para servir a Dios con él. Cuando esa es la motivación verdadera al anhelar estar en forma, usted nunca se preocupará por el tamaño de sus bíceps, cuan marcados están sus músculos abdominales o si tiene áreas con celulitis.

Las personas se realizan rinoplastías, se aplican implantes de senos y se practican abdominoplastías para calmar su inseguridad y su inferioridad. Somos manipulados por las últimas tendencias. En la década de 1970 era atractivo que un hombre tuviera el pecho velludo. Ahora no lo es y muchos hombres se depilan el pecho para lucir como un modelo de portada de revista.

Cuando yo era adolescente, si un hombre llevaba un pendiente era homosexual. Entonces, un músico homosexual que no había "salido del clóset", comenzó a utilizar un pendiente en su oreja izquierda, afirmando que eso era chévere. De manera que multitudes de jóvenes comenzaron a llevar pendientes en su oreja izquierda, porque llevar un pendiente en la oreja derecha, o en ambas orejas, continuaba siendo un símbolo de ser homosexual. En la actualidad, los muchachos llevan pendientes en ambas orejas, en la lengua, los labios, el ombligo, en todas partes. Piensan que eso los hace verse más chévere o incluso superiores.

Desde el peinado, la ropa y nuestra apariencia física, hasta los productos que compramos y los coches que conducimos, somos manejados por nuestra necesidad de calmar nuestra sensación de inseguridad y de inferioridad. Los publicistas acceden a esta necesidad y la explotan para su beneficio personal. Cuando nuestros ojos se abren y comenzamos a ver esto, nos puede resultar un tanto sobrecogedor.

¿Cómo es que cuando estamos rodeados de una tentación tan violenta de alimentar nuestra inseguridad y nuestra inferioridad podemos caminar libres? En capítulos posteriores hablaremos a profundidad acerca de la solución de Dios, pero este versículo lo resume: "Con Cristo estoy juntamente crucificado, y ya no vivo yo, mas vive Cristo en mí; y lo que ahora vivo en la carne, lo vivo en la fe del Hijo de Dios, el cual me amó y se entregó a sí mismo por mí" (Gálatas 2:20). La clave para la victoria total es dejar de vivir para nosotros mismos y solamente vivir para Él.

5
EL ABISMO DEL DINERO

*Ninguno puede servir a dos señores; porque o aborre-
cerá al uno y amará al otro, o estimará al uno y menospreciará al otro. No podéis servir a Dios y a las riquezas.*

MATEO 6:24

LAS OBRAS DE la inseguridad y la inferioridad son claramente evidentes en el área de las finanzas. Desde los primeros registros históricos, la humanidad ha utilizado la riqueza de las personas para juzgar su valor. Durante siglos hemos equiparado la riqueza con el valor. El otro día recordé esto. Estaba mirando la televisión, cuando comenzó la película *Titanic.* Como si nunca antes hubiera visto la película, una vez más me horroricé cuando vi que a los pasajeros de la primera clase les daban el limitado espacio en los botes salvavidas, mientras que a los pasajeros pobres los mantenían encerrados en sus camarotes en la parte de abajo.

Nuestra sociedad moderna piensa que hemos superado en una buena parte esta descarada discriminación, pero la verdad es mucho peor de lo que muchos desean admitir. La mayor parte del mundo occidental continúa siendo dirigida por el deseo de obtener seguridad y prosperidad financieras.

Mientras estaba en un viaje misionero durante principios de la década de 1990, prediqué en la iglesia de un amigo en

el centro de Detroit. Durante mi visita fui a caminar con mi
amigo pastor que vivía en un vecindario afroamericano pobre.
Mientras caminábamos, me sorprendió ver coches Mercedes
y BMW nuevos en las entradas de vehículos de estas casas
viejas. No podía imaginar cómo era que tanta gente podía
costear coches tan caros. Así que le pregunté a mi amigo y lo
que me dijo, me abrió los ojos.

Dijo que había dos cosas que eran más importantes para la
gente que había crecido en la zona: el coche que conducían y
la ropa que vestían. Dijo que algunas personas se morían de
hambre con el fin de comprar una playera de diseñador. Se
hundían en las deudas para poder tener ese BMW. Me dijo
que tener esas cosas los hacía sentir alguien (¡la inferioridad
mete su horrible mano de nuevo!).

En lugar de contentarse con lo que tenían, se esclavizaban
económicamente para simplemente tener la ilusión de prosperidad, porque para ellos, la riqueza equivalía a valor y estatus.
En sus ojos, esta tenía el poder de hacerlos superiores. Esto no
se limita a un grupo étnico en particular. Es la enfermedad de
nuestros tiempos, desde niños asesinando a otros niños por
un par de tenis de diseñador, hasta familias en bancarrota con
números récord, porque intentaron mantener las apariencias.
El dicho "mantener las apariencias" tiene que ver con alimentar nuestra inseguridad y nuestra inferioridad.

Yo crecí en un vecindario de clase media y tuve la familia
estadounidense perfecta, y la presión por mantener las apariencias estaba definitivamente viva en nuestra comunidad
también. Mi madre solía contarme historias acerca de su experiencia como esposa joven y madre. Ella decía que la casa y los
pisos de la cocina de una mujer debían lucir perfectos todo el
tiempo y siempre se avergonzaba de que sus pisos no eran tan
lindos como los de las vecinas. Ella pulía y pulía, pero nunca

se veían tan bien. Finalmente encontró el secreto. Las otras mujeres contrataban un servicio profesional que les limpiara los pisos. Así que contrató un servicio profesional para que limpiara su casa también. ¡Dios nos libre de que nuestros pisos no sean tan perfectos como los de los demás!

Gastamos y pedimos prestado para adquirir una sensación de seguridad y de valor. Es por ello que la gente con problemas económicos a menudo saca las tarjetas de crédito y compra algo. La ilusión que se crea cuando se desliza el plástico sin tener que pagar el objeto en ese momento nos da una sensación de poder y de control. Nos hace sentir más ricos de lo que somos, lo cual alivia momentáneamente nuestra sensación de inseguridad y de inferioridad.

A menudo compramos la casa más grande y más cara por la que podamos obtener un crédito. Si no fuera porque los bancos nos limitan, muchos de nosotros intentaríamos tener una casa mucho más cara. Terminamos con hipotecas de largo plazo hasta los setenta años, cuando ya deberíamos haber terminado de pagar nuestra casa para pasársela a la siguiente generación. Estamos tan desesperados por sentirnos como si fuéramos económicamente exitosos que estamos dispuestos a hipotecar no solamente nuestro futuro, sino igualmente el de nuestros hijos.

¿A QUIÉN LE SERVIREMOS?

Hacemos todo esto violando directamente la Palabra de Dios. Anhelamos la riqueza y el dinero para hacernos sentir mejor con nosotros mismos, pero el apóstol Pablo nos muestra otra manera de vivir. Él escribió en Filipenses 4:11: "No lo digo porque tenga escasez, pues he aprendido a contentarme, cualquiera que sea mi situación". Nos endeudamos para alimentar nuestros deseos o la codicia de nuestra familia, pero la

Escritura dice: "No debáis a nadie nada, sino el amaros unos a otros" (Romanos 13:8).

No estoy diciendo que Dios no desee que tengamos cosas lindas, pero debemos preguntarnos por qué las deseamos. ¿Es para alimentar una sensación profunda de inseguridad y de inferioridad? A menudo lo es. Dios nos dice que nos contentemos con lo que tenemos (Hebreos 13:5), pero muchos de nosotros deseamos más: el coche más nuevo, el último aparato, la moda más popular, la mejor casa, etcétera. En lugar de eso debemos buscar primero el Reino de Dios y su justicia, y todas estas cosas os serán añadidas (Mateo 6:33).

Preocuparnos por adquirir cosas puede ser uno de nuestros mayores enemigos en la vida, porque puede evitar que llevemos fruto. Mateo 13:22 dice: "El que fue sembrado entre espinos, éste es el que oye la palabra, pero *el afán de este siglo* y el *engaño de las riquezas* ahogan la palabra, y se hace infructuosa" (énfasis añadido). ¿Por qué se hace infructuosa? Por dos razones:

1. "Los afanes de este siglo", es decir, las distracciones de este mundo.

2. "El engaño de las riquezas", es decir, el engaño de que la riqueza y las posesiones proporcionan valor y seguridad.

Ambas cosas ahogan la Palabra de Dios, la hacen infructuosa en nuestra vida. Esta batalla es una de las más difíciles, porque muchos de nosotros hemos creído la mentira de que la riqueza y las posesiones traen valor y seguridad. Continuamos comiendo del fruto de la riqueza, o la ilusión de la riqueza, para darle valor a nuestra vida. Cuando lo hacemos, nos inclinamos ante el dios de las riquezas, y los de la Iglesia no somos inmunes a esta idolatría.

Uno de los más grandes peligros de esto es que quienes estamos en la Iglesia podemos utilizar las promesas de Dios para satisfacer nuestro anhelo por cosas. Intentamos hacer a Dios nuestro siervo para obtener lo que realmente sentimos que necesitamos: la riqueza. Dios nos advierte al respecto: "Ninguno puede servir a dos señores; porque o aborrecerá al uno y amará al otro, o estimará al uno y menospreciará al otro. No podéis servir a Dios y a las riquezas" (Mateo 6:24).

En la vida serviremos ya sea a Dios o a las riquezas. El otro será nuestro siervo. Muchos de quienes piensan que están sirviendo a Dios, en realidad están sirviendo a las riquezas, porque las ven como su fuente. ¿Cuántas veces hemos dicho: "Todo lo que necesito es más dinero para poder hacer esto o aquello"? A menudo vemos al dinero y a la riqueza como la "respuesta" a nuestros problemas.

Permítame ser claro: creo en la prosperidad bíblica. La enseño con fuerza. Sin embargo, así como resulta contraproducente predicarle liberación a un alcohólico mientras le damos una bebida, es inútil predicar acerca de la prosperidad a aquellos que sirven a las riquezas. Aquellos que anhelan que el dinero les dé una sensación de valor y de seguridad harán mal uso de la verdad bíblica de la prosperidad para alimentar su inseguridad y su inferioridad.

Difícilmente podemos encender el televisor sin ver un comercial informativo en el que anuncien algún tipo de oportunidad que nos proporcionará dos cosas: seguridad y la buena vida; en otras palabras, valor. Compramos los programas, nos unimos a los clubes y asistimos a las reuniones esperando obtener seguridad y libertad financieras. Como cristianos nos decimos que podremos ayudar a mucha gente una vez que obtengamos dinero de ese programa o de ese negocio. Pero en la mayoría de nosotros, en lo profundo de la raíz de ese deseo de obtener la riqueza, se encuentra una mentira devastadora: el dinero es la respuesta.

Dios puede proporcionarnos todo lo que usted y yo necesitamos, sin dinero. Él puede, y a menudo lo hace, utilizar el dinero para cuidarnos, pero solo Él es la respuesta. Él es nuestra fuente. Esto es lo que Jesús estaba abordando en Mateo 6:24, cuando dijo que nadie puede amar a Dios y a las riquezas. Los siguientes versículos apuntan a la verdadera fuente de nuestra seguridad.

> Por tanto os digo: No os afanéis por vuestra vida, qué habéis de comer o qué habéis de beber; ni por vuestro cuerpo, qué habéis de vestir. ¿No es la vida más que el alimento, y el cuerpo más que el vestido? Mirad las aves del cielo, que no siembran, ni siegan, ni recogen en graneros; y vuestro Padre celestial las alimenta. ¿No valéis vosotros mucho más que ellas? ¿Y quién de vosotros podrá, por mucho que se afane, añadir a su estatura un codo? Y por el vestido, ¿por qué os afanáis?
>
> Considerad los lirios del campo, cómo crecen: no trabajan ni hilan; pero os digo, que ni aun Salomón con toda su gloria se vistió así como uno de ellos. Y si la hierba del campo que hoy es, y mañana se echa en el horno, Dios la viste así, ¿no hará mucho más a vosotros, hombres de poca fe? No os afanéis, pues, diciendo: ¿Qué comeremos, o qué beberemos, o qué vestiremos? *Porque los gentiles buscan todas estas cosas*; pero vuestro Padre celestial sabe que tenéis necesidad de todas estas

cosas. *Mas buscad primeramente el reino* de Dios y su justicia, y *todas estas cosas os serán añadidas.* Así que, no os afanéis por el día de mañana.
—MATEO 6:25–34, ÉNFASIS AÑADIDO

Si buscamos al dinero como nuestra respuesta, hemos caído en la trampa del árbol. Hemos creído la mentira de que Dios no es suficiente, de que Él solo no puede sostenernos. Filipenses 4:19 nos asegura: "Mi Dios, pues, suplirá todo lo que os falta conforme a sus riquezas en gloria en Cristo Jesús". Cuando les escribió esa carta a los filipenses, el apóstol Pablo tuvo que llegar al verdadero entendimiento de que Dios era su fuente, no su riqueza. De manera que si tenía dinero, estaba contento. Y si no lo tenía, todavía estaba contento, porque sabía que Dios supliría todas sus necesidades.

Dios es nuestra fuente, el dinero es nuestro siervo. El engaño de que podemos obtener seguridad y valor a través de la riqueza pelea una gran batalla en nuestro corazón y en nuestra mente. Es por ello que Jesús dijo: "Otra vez os digo, que es más fácil pasar un camello por el ojo de una aguja, que entrar un rico en el reino de Dios" (Mateo 19:24). Jesús no lo dijo porque el dinero sea malo. Jesús nunca tuvo problemas con el hecho de que la gente tuviera dinero. Simplemente comprendía que la riqueza alimenta cualquier inseguridad y sensación de inferioridad.

Jesús conocía la trampa que había puesto el enemigo. Él sabía que mucha gente no podría ver a Dios como su fuente, porque creerían el engaño de que la riqueza proporciona seguridad y valor. Es por ello que el joven gobernador rico se fue triste en Mateo 10, después de que Jesús le dijo: "Si quieres ser perfecto, anda, vende lo que tienes, y dalo a los pobres, y tendrás tesoro en el cielo; y ven y sígueme" (v. 21).

El joven rico puso su confianza en la riqueza, no en Dios.
Jesús le dio la oportunidad de ser liberado, pero en lugar de
ello se apartó de Cristo y prefirió las riquezas (v. 22). Jesús
no estaba glorificando la pobreza. Él hablaba a menudo de
la promesa de la abundancia y de las bendiciones de aquellos que obedezcan a Dios por completo. Lo que estaba abordando en Mateo 19 fue el fruto del árbol de la ciencia del bien
y del mal en acción en la vida del joven rico. Creo que una de
las razones por las que Dios nos desafía algunas veces a dar
una ofrenda de sacrificio, es para que recordemos que Él es
la fuente de nuestra provisión, no nuestra cuenta de cheques.

No sea engañado por esta trampa del enemigo. Pídale a
Dios que examine su corazón. Pídale que exponga la confianza secreta que pudo haber puesto en el dinero y en las
riquezas, de manera que la fortaleza del árbol que existe a
través del dinero pueda ser quebrantada de su vida.

6

LA IDENTIDAD PERDIDA

*No tendrás dioses ajenos delante de mí [...] Porque
yo soy Jehová tu Dios [...], celoso.*
ÉXODO 20:3—5

Los efectos de la inseguridad y de la inferioridad son evidentes en todas las áreas de la vida, incluso en la iglesia. Cuando los creyentes se separan por causa de disputas doctrinales, la inseguridad y la inferioridad son a menudo la raíz.

Creo firmemente que la doctrina es importante y que existen algunas doctrinas que, si no se llevan con el orden apropiado, pueden llevar a una gran confusión y a dañar al Cuerpo de Cristo. Sin embargo, muy pocas son tan significativas como para provocar que los cristianos se aíslen y se separen. Solamente aquellas enseñanzas que son en realidad doctrinas de demonios, las cuales niegan la deidad de Cristo y la plenitud de su sacrificio de sangre para proporcionarle salvación a todo aquel que lo hace su Señor, deben provocar que nos separemos. La mayoría de las demás disputas que provocan que las iglesias se dividan no deberían producir aislamiento o separación. Pero lo hacen, por causa de la inseguridad y la inferioridad.

La mayoría de las personas no sujetan una doctrina, sino

que la doctrina los sujeta a ellos. Lo que quiero decir es lo
siguiente: su sentido de identidad proviene de las doctrinas
mismas. Las doctrinas se convierten en lo que ellos son.
Sin duda ha escuchado decir a la gente: "Soy calvinista", o:
"Soy pentecostal", o: "Soy fundamentalista". Estas etiquetas
en sí mismas no son malas. No hay nada malo en utilizarlas
para describir el tipo de práctica cristiana que seguimos. Sin
embargo, estas etiquetas se convierten en mucho más que eso.
Se convierten en nuestra identidad.

Obtenemos una sensación de seguridad y de pertenencia
cuando nos alineamos con quienes tenemos ideas afines.
Adquirimos un sentido de valor a partir de nuestro sistema
de creencias o de nuestra doctrina. De hecho, comenzamos
a sentirnos un poco mejor con nosotros mismos, porque pensamos que hemos sido iluminados mucho más que todos.
Eso nos da una sensación de poder y de superioridad. Esta
manera de pensar puede llevar a tener un espíritu altivo, pero
a menudo es mucho más sutil que eso.

A menudo es solamente un sentir de ser mejores, porque
tenemos la razón. A todos nos gusta tener la razón. A todos
nos gusta estar por delante de los demás, aunque sea por poco.
Nos gusta tener una sensación de poder y de control que provienen de tener una revelación especial de la verdad. Eso
aumenta nuestra sensación personal de valor y de ahí comenzamos a obtener nuestra identidad. Lo que no observamos
normalmente es que una vez que cruzamos la línea mortal
de obtener nuestra identidad de nuestra doctrina, hemos sido
atrapados en la trampa del árbol.

¡Defenderemos, protegeremos y promoveremos aquello de
lo que hayamos obtenido nuestra identidad! Una vez más,
obtenemos nuestra identidad de algo y entonces eso nos posee.
Si obtenemos nuestra identidad de nuestra doctrina, entonces

la doctrina nos posee. La defenderemos, protegeremos y promoveremos, porque al hacerlo estamos defendiéndonos, protegiéndonos y promoviéndonos a nosotros mismos, nuestra estima y nuestra sensación de valor.

Todos lo hemos visto en nuestra iglesia. Alguien cree que ha obtenido una nueva revelación. Escucha un sermón o lee un libro y lo que aprende, lo conmueve en un nivel emocional profundo. Entonces sujeta la enseñanza y adquiere una nueva sensación de valor.

Este, entonces comienza a promoverles a los demás la doctrina y se sorprende de que nadie la vea como él. Cuando sus hermanos y sus hermanas en Cristo examinan esta doctrina, la persona actúa en defensiva y se molesta. Entonces comienza a luchar por proteger y defender la creencia, lo cual lo lleva a tener contiendas. A menudo, la persona que ha sujetado la nueva doctrina comienza a alinearse con el acusador de los hermanos y a atacar a sus hermanos y sus hermanas diciendo que son religiosos y que están engañados.

Este ataque es un mecanismo de defensa. La persona no está realmente interesada en revelar la verdad. Es agnóstico con respecto a los demás creyentes, porque necesita proteger su identidad recién descubierta. Todo se reduce a la supervivencia.

A menudo, la persona intentará reunir a un pequeño grupo que también crea en esta nueva doctrina. El grupo lleva a cabo reuniones informales y habla acerca de que el pastor necesita ser liberado o que necesita una nueva revelación. Incluso si el grupo de cristianos tiene la razón, ellos entran en un pacto con un espíritu sedicioso cuando comienzan a aislarse de aquellos quienes no comparten su punto de vista.

En lugar de tener humildad por su nueva revelación comienzan a preparar el terreno para el golpe de estado. Si

no pueden manipular a la Iglesia de seguirlos, sienten que "el
Señor los guió" a marcharse. Un desacuerdo en la iglesia se
ha convertido en una división y el grupo se ha aislado de los
demás miembros del Cuerpo.

El espíritu de orgullo está obrando poderosamente entre
este grupo de creyentes mientras se felicitan por haberse liberado de su antigua iglesia opresiva y religiosa. Ahora "tienen
la verdad" y construirán el Reino de Dios "como Dios quiere
que sea". No tienen idea, pero Satanás se está gozando. Una
vez más, los espíritus de inseguridad y de inferioridad han
hecho su trabajo y han llevado a la gente a comer del árbol de
la ciencia del bien y del mal. El hombre se ha atado y el fruto
del enemigo se está extendiendo.

Aunque la doctrina de estas personas sea correcta, no es
correcto que permitan que esta los sujete a ellos. Cayeron en
la trampa de Satanás cuando encontraron su identidad en su
doctrina en lugar de en Jesús. Dios pudo haber estado intentando restaurar la verdad, pero el mal la contaminó.

DESEAR ENCAJAR

La gente busca todo tipo de cosas que le de una sensación
de identidad, no solamente la doctrina. Recientemente me
encontraba en un campamento de jóvenes y una chica adolescente me preguntó si había algo de malo con ponerse un
tatuaje. Yo sabía que ella no deseaba en realidad una respuesta, solamente una justificación para un acto que ya había
determinado en su corazón que haría. No obstante decidí res-
ponderle a través de guiarla a algunos principios. Le dije: "En
el Antiguo Testamento…". Tan pronto como lo dije, ella me
detuvo y dijo: "Eso es la Ley. No estamos bajo la Ley".

Yo respondí: "El que habla es tu pensamiento incorrecto e

ignorante. Jesús no vino para descartar la Ley. Él vino para cumplirla. El asesinato continúa siendo un pecado. Lo que tú no comprendes es que en la Ley se encuentran los principios. Esas leyes espirituales siguen siendo válidas en la actualidad".

Continué: "Incluso las leyes de sanidad, como cavar un hoyo fuera de tu tienda para defecar, sigue teniendo principios subyacentes, que si se violan en la actualidad, provocarán un tipo de juicio. Las leyes sanitarias existen, porque el hombre no tenía conocimiento de los gérmenes y los microorganismos. Incluso ahora, si vas al servicio y no te lavas las manos o no desaguas el retrete y no lo limpias, se extienden los gérmenes y las enfermedades. Posiblemente ya no se necesite una regulación específica, pero la verdad subyacente que Dios estableció sí. Lo mismo sucede con el principio que se encuentra en la Palabra acerca de las marcas de las naciones paganas".

Le hablé acerca de Levítico 19:28 que dice: "Y no haréis rasguños en vuestro cuerpo por un muerto, ni imprimiréis en vosotros señal alguna. Yo Jehová". Continué explicando que el principio detrás de esa ley particular era que el pueblo de Dios no adoptara marcas para identificar a los grupos que eran enemigos de Dios. Le dije: "¿Qué pensarías de mí si me presentara a predicar con un pentagrama satánico y unas cruces invertidas? ¿Te causaría conflicto?".

Ella dijo: "Sí". Entonces respondí inmediatamente: "¡Cómo te atreves a juzgarme! No conoces mi corazón". Ella lucía estupefacta. Concluí diciendo: "Desde luego que conoces mi corazón por lo que visto. Aunque no siga las prácticas de aquellos que llevan esas cosas, he tomado una decisión pública de identificarme con ellos. No existe una diferencia entre hacer eso y llevar una suástica. El principio es no adoptar las marcas de identificación de aquellos que no sirven a Dios".

Es por ello que no existen mafiosos cristianos o cristianos góticos. Las creencias fundamentales de los mafiosos y los góticos son opuestas al mensaje del evangelio. Están cimentadas en la rebeldía y en la muerte. Eso se aplica a muchos grupos contraculturales que existen. Adherirle el nombre de Jesús a la rebelión no la hace buena. Isaías 65:2–6 dice:

> Extendí mis manos todo el día a pueblo rebelde, el cual anda por camino no bueno, *en pos de sus pensamientos*; pueblo que en mi rostro me provoca de continuo a ira, sacrificando en huertos, y quemando incienso sobre ladrillos; que se quedan en los sepulcros, y en lugares escondidos pasan la noche; que comen carne de cerdo, y en sus ollas hay caldo de cosas inmundas; que dicen: Estate en tu lugar, no te acerques a mí, *porque soy más santo que tú*; éstos son humo en mi furor, fuego que arde todo el día. He aquí que escrito está delante de mí; no callaré, sino que recompensaré, y daré el pago en su seno.
>
> —ÉNFASIS AÑADIDO

Veamos estos versículos uno por uno, porque hay una gran revelación en ellos. En primer lugar, Dios dijo que ese pueblo, su pueblo, anda por camino no bueno: "En pos de sus pensamientos" (v. 2). Sin embargo, ellos pensaban estar agradando a Dios. Cometieron esas ofensas en sus ojos, pero su rebeldía contra Dios no era intencionada. Fueron engañados para creer que sus prácticas eran buenas. No solamente pensaron que estaban haciendo el bien, sino que eran más santos que aquellos que no seguían las mismas prácticas: "Que dicen:

Estate en tu lugar, no te acerques a mí, porque soy más santo que tú" (v. 5).

¿Qué estaban haciendo que desagradaba tanto a Dios, al punto de decir que eran: humo en su furor y "fuego que arde todo el día", y que no callaría, sino que recompensaría? Los versículos 3 y 4 nos dan la respuesta. La Biblia dice que era "pueblo que en mi rostro me provoca de continuo a ira, sacrificando en huertos, y quemando incienso sobre ladrillos; que se quedan en los sepulcros, y en lugares escondidos pasan la noche; que comen carne de cerdo, y en sus ollas hay caldo de cosas inmundas".

Si estudiamos este pasaje vemos que el pueblo de Israel estaba imitando las prácticas de adoración paganas de las naciones circundantes. Pensaban que podían presentarse ante Dios de la misma manera que aquellos que no eran de Él y ser aceptables. Sus prácticas de adoración se volvieron como aquellas de la cultura que los rodeaba.

Vemos esto una y otra vez a lo largo de la historia judía: al pueblo de Dios intentando encajar con la cultura de entonces y utilizando prácticas paganas para adorar a Dios. A menudo solamente deseaban ser como todos los demás. Solamente deseaban encajar. En los días de Moisés, ellos deseaban un ídolo, porque las otras naciones adoraban a ídolos hechos de madera y de piedra (vea Éxodo 32). En los días de Samuel deseaban un rey, porque las demás naciones eran dirigidas por los hombres, no por Dios (vea 1 Samuel 8). El pueblo de Dios fue tentado por la inseguridad y la inferioridad, una y otra vez. Ellos deseaban ir conforme a la cultura sin abandonar completamente a Dios; de manera que incorporaron las prácticas del mundo a su adoración a Dios.

Esto también ha sucedido a lo largo de la historia de la Iglesia, con resultados igualmente devastadores. La iglesia católica, en un intento por relacionarse con los paganos, incorporó estatuas y oraciones a los muertos (los santos).[1] Estas eran prácticas paganas a las que la gente les ponía el nombre de Jesús en un intento de relacionarse e identificarse con la cultura que los rodeaba. Todo eso va contra Dios y su Palabra. Él es un Dios celoso y desea ser el único objeto de nuestro afecto. Deuteronomio 6:5 dice: "Y amarás a Jehová tu Dios de todo tu corazón, y de toda tu alma, y con todas tus fuerzas". Y en el libro de Éxodo, Dios nos ordena no poner nada por encima de Él.

> No tendrás dioses ajenos delante de mí. No te harás imagen, ni ninguna semejanza de lo que esté arriba en el cielo, ni abajo en la tierra, ni en las aguas debajo de la tierra. No te inclinarás a ellas, ni las honrarás; *porque yo soy Jehová tu Dios, fuerte, celoso.*
> —Éxodo 20:3–5, énfasis añadido

Dios desea que encontremos nuestra identidad en Él y solamente en Él. La Biblia dice en Deuteronomio 6: "Y estas palabras que yo te mando hoy, estarán sobre tu corazón […] Y las atarás como una señal en tu mano, y estarán como frontales entre tus ojos" (vv. 6, 8). Dios desea que su pueblo se identifique con Él y con su Palabra de manera pública, visible y clara.

Como lo mencioné anteriormente, nosotros defendemos, protegemos y promovemos aquello que forma nuestra identidad. Muy a menudo, el pueblo de Dios está adquiriendo su identidad a partir de todo, excepto de Cristo. Esto solamente los llevará hacia el camino de la esclavitud de la inseguridad y la inferioridad.

7
ENTRE LA ESPADA Y LA PARED

Yo he pecado; pues he quebrantado el mandamiento de Jehová y tus
palabras, porque temí al pueblo y consentí a la voz de ellos.

1 SAMUEL 15:24, ÉNFASIS AÑADIDO

L A INSEGURIDAD Y la inferioridad han apartado a
muchos grandes hombres de Dios de su posición de
honor y de su unción. Comienzan fuertes y humildes
ante Dios, pero su vida termina en destrucción. Lo hemos
visto a lo largo de la historia. Muchos siervos ungidos y esco-
gidos de Dios terminan comiendo del árbol y provocan su
propio fin. Probablemente uno de los mejores ejemplos en las
Escrituras es la historia de Saúl y de David.

Saúl había sido ungido rey de Israel y el Espíritu de Dios
estaba sobre él (1 Samuel 9:15–16; 10:1). Pero Saúl era gober-
nado por la inseguridad y la inferioridad. Él se sentía tan inseguro acerca de su posición en el corazón de la gente, que se
convirtió en esclavo del temor del hombre. Finalmente, eso lo
llevó a la destrucción. En 1 Samuel 15, Dios le ordenó a Saúl
atacar a los amalecitas y destruir todo: a todos los hombres,
mujeres, niños y animales. Pero Saúl no obedeció la orden de
Dios.

Y Saúl derrotó a los amalecitas desde Havila hasta llegar a Shur, que está al oriente de Egipto. Y tomó vivo a Agag rey de Amalec, pero a todo el pueblo mató a filo de espada. Y Saúl y el pueblo perdonaron a Agag, y a lo mejor de las ovejas y del ganado mayor, de los animales engordados, de los carneros y de todo lo bueno, y no lo quisieron destruir; mas todo lo que era vil y despreciable destruyeron.

—1 Samuel 15:7–9

Saúl destruyó por completo a los amalecitas excepto a uno: a Agag, su rey. Y asesinó a todos los animales débiles y sin valor, pero salvó a los mejores. Saúl no tuvo el valor de destruir todo, no cuando el pueblo lo admiraría por traer a casa esos deseables botines. De manera que ignoró la orden de Dios.

Cuando Saúl le reportó a Samuel los resultados de la batalla, él le dijo al profeta que había "cumplido la palabra de Jehová" (1 Samuel 15:13). Pero no engañaría a Samuel. Dios ya le había mostrado que Saúl no había obedecido sus órdenes (v. 10). Cuando Samuel confrontó a Saúl, resaltando que podía escuchar a las vacas y las ovejas, Saúl mordió de nuevo el fruto del árbol.

Samuel entonces dijo: ¿Pues qué balido de ovejas y bramido de vacas es este que yo oigo con mis oídos? Y Saúl respondió: De Amalec *los han* traído; *porque el pueblo* perdonó lo mejor de las ovejas y de las vacas, para sacrificarlas a Jehová tu Dios, pero lo demás lo destruimos.

—1 Samuel 15:14–15, énfasis añadido

Saúl intentó dar excusas y justificar su desobediencia. Él dijo que los mejores animales estaba apartados para sacrificarlos a Dios. Pero Dios no pidió animales para sacrificio, Él le dijo a Saúl que destruyera todo. Para colmo, Saúl culpó al pueblo por su desobediencia, como si él no fuera el oficial al mando.

Este ejemplo en que Saúl culpó a alguien más, me recuerda a otra persona. Adán hizo lo mismo en el huerto de Edén cuando dijo: "La mujer que me diste por compañera me dio del árbol, y yo comí" (Génesis 3:12). Así como Adán culpó a Eva, Saúl culpó al pueblo de Israel. Entonces intentó minimizar su desobediencia al resaltar las maneras en que obedeció a Dios.

Quienes tenemos hijos conocemos bien esta rutina. ¿Cuán a menudo escuchamos decir a nuestros hijos: "Te obedecí *casi* en todo"? Así como los padres hacemos con nuestros hijos, Samuel presionó a Saúl para que expusiera la realidad de su pecado. Pero Saúl permaneció firme en que era inocente y que la gente había tomado el botín.

> Y Saúl respondió a Samuel: *Antes bien he obedecido la voz de Jehová*, y fui a la misión que Jehová me envió, y he traído a Agag rey de Amalec, y he destruido a los amalecitas. *Mas el pueblo tomó del botín* ovejas y vacas, las primicias del anatema, para ofrecer sacrificios a Jehová tu Dios en Gilgal.
> —1 SAMUEL 15:20–21, ÉNFASIS AÑADIDO

Saúl finalmente admitió su culpa e incluso la razón de su desobediencia, después de que Samuel lo presionara por tercera vez y le diera la palabra del Señor. Saúl le dijo a Samuel: "Yo he pecado; pues he quebrantado el mandamiento de

Jehová y tus palabras, *porque temí al pueblo y consentí a la voz de ellos.*" (1 Samuel 15:24, énfasis añadido).

Este fue el comienzo del final del rey Saúl. Él se sentía tan inseguro acerca de su relación con la gente, que en lugar de ordenarles destruir a *todos* los amalecitas y las riquezas, se acobardó bajo sus deseos y terminó desobedeciendo a Dios. Lo mismo ha sucedido una y otra vez a lo largo de la historia.

Saúl le dio un punto de apoyo a Satanás cuando escuchó sus mentiras y no confió en que, debido a que Dios lo había colocado en la posición de rey, él podía mantenerlo ahí. En cambio, Saúl tomó el fruto del temor del hombre y más tarde de la desobediencia. Cayó en la presión política y terminó perdiendo su lugar con Dios.

La raíz de la inseguridad ahora se encontraba firmemente establecida en Saúl y él tuvo que pagar una dolorosa consecuencia: el Espíritu de Dios se fue de Saúl, quien deseaba desesperadamente conservar su reino. En esta escena entra el siervo recién ungido de Dios, David. La mano y el favor de Dios estaban poderosamente sobre David. Ganó la batalla contra Goliat y se estaba convirtiendo en el gran guerrero del ejército de Saúl. Pensaríamos que eso haría feliz a Saúl. Pero la persona que es controlada por la inseguridad y la inferioridad, come el fruto del árbol. Saúl se llenó de ira por la atención que David estaba recibiendo de la gente.

> Y cantaban las mujeres que danzaban, y decían:
> Saúl hirió a sus miles, y David a sus diez miles.
> Y se enojó Saúl en gran manera, y le desagradó
> este dicho, y dijo: A David dieron diez miles, y
> a mí miles; no le falta más que el reino. Y desde
> aquel día Saúl no miró con buenos ojos a David.
> Aconteció al otro día, que un espíritu malo de

parte de Dios tomó a Saúl, y él desvariaba en medio de la casa. David tocaba con su mano como los otros días; y tenía Saúl la lanza en la mano. Y arrojó Saúl la lanza, diciendo: Enclavaré a David a la pared. Pero David lo evadió dos veces. Mas Saúl estaba temeroso de David (inferioridad), por cuanto Jehová estaba con él (inferioridad), y se había apartado de Saúl; por lo cual Saúl lo alejó de sí, y le hizo jefe de mil; y salía y entraba delante del pueblo.

—1 SAMUEL 18:7–13, ÉNFASIS AÑADIDO

Saúl comenzó a compararse con David y la inseguridad y la inferioridad entraron por esa puerta. Saúl comenzó a temer que David le robara el reino y veía al joven David como una amenaza a su seguridad, su valor y su condición. Y a partir de ese punto Saúl determinó asesinar a David.

Desearía poder decir que este tipo de envidia pertenece solamente a los tiempos Bíblicos, pero en todo ministerio en la actualidad encontraremos que sucede ejemplo tras ejemplo de lo mismo. Los ministros temen que otros predicadores les roben su ministerio. Están creyendo una mentira. Y eso afecta la manera en que operan, de quién se rodean y cómo tratan a los demás.

Existen también muchos ministros jóvenes llenos de inseguridad y de inferioridad. Creen que los pastores mayores no están dándoles la oportunidades en el ministerio que deben recibir. Sienten que estos líderes mayores no les están abriendo puertas, de manera que comienzan a comer del fruto del espíritu de crítica.

Sucede una y otra vez. Los líderes de Dios continúan creyendo las mentiras de la serpiente que los hace sentirse inseguros y/o inferiores. El enemigo les presenta hábilmente el fruto en la mano y una vez más lo comen. Hay veces o temporadas en que quienes estamos en el ministerio nos damos cuenta de que ocurre algo con nuestra actitud y nuestro comportamiento. Parecemos arrepentirnos pero, debido a que nunca vamos a la raíz del asunto y solamente reconocemos el fruto, el problema regresa. Esto es también lo que le sucedió a Saúl.

El hijo de Saúl, Jonatán, tuvo lo que podríamos llamar una intervención. Él se acercó a Saúl y le dijo que dejara de perseguir a David, porque él no le había hecho nada. Jonatán le recordó a Saúl todo el bien que David le había hecho y las palabras del príncipe parecieron conmover a Saúl.

> Y Jonatán habló bien de David a Saúl su padre, y le dijo: No peque el rey contra su siervo David, porque ninguna cosa ha cometido contra ti, y porque sus obras han sido muy buenas para contigo; pues él tomó su vida en su mano, y mató al filisteo, y Jehová dio gran salvación a todo Israel. Tú lo viste, y te alegraste; ¿por qué, pues, pecarás contra la sangre inocente, matando a David sin causa? Y escuchó Saúl la voz de Jonatán, y juró Saúl: Vive Jehová, que no morirá. Y llamó Jonatán a David, y le declaró todas estas palabras; y él mismo trajo a David a Saúl, y estuvo delante de él como antes.
>
> —1 Samuel 19:4–7

Saúl reconoció su error y cambió su manera de ser, *por una razón*. Tan pronto como estalló la guerra otra vez y David resultó victorioso en batalla, la inseguridad sacó lo mejor de Saúl y de nuevo estaba tras David, intentando asesinarlo.

> Después hubo de nuevo guerra; y salió David y peleó contra los filisteos, y los hirió con gran estrago, y huyeron delante de él [...] Y Saúl procuró enclavar a David con la lanza a la pared, pero él se apartó de delante de Saúl, el cual hirió con la lanza en la pared; y David huyó, y escapó aquella noche. Saúl envió luego mensajeros a casa de David para que lo vigilasen, y lo matasen a la mañana. Mas Mical su mujer avisó a David, diciendo: Si no salvas tu vida esta noche, mañana serás muerto.
>
> —1 SAMUEL 19:8, 10–11

Saúl prometió no dañar a David. Entonces David comenzó a caminar de nuevo en su unción y Saúl regresó a sus antiguos pasos. Saúl, lleno de ira, una vez más intentó asesinar a David, porque nunca lidió con las raíces de la inseguridad y la inferioridad, aunque en varias ocasiones admitiera que lo que estaba haciendo estaba mal y mostrara lo que parecía ser arrepentimiento.

La vida de Saúl refleja a muchos en la actualidad. Comienzan bajo la unción, pero terminan creyendo una mentira. Caen presas, porque su corazón era una puerta abierta a la inseguridad y la inferioridad. Debemos ir a lo profundo del espíritu hasta la raíz de la causa, si deseamos de verdad ser libres.

8

EL CRISTIANO ATRAPADO

Así que, si el Hijo os libertare, seréis verdaderamente libres.

JUAN 8:36

EO LA OBRA de la inseguridad y la inferioridad en casi cada faceta de mi vida, mientras Dios continúa revelando esta asombrosa verdad en mi vida. Veo en mi propia vida las áreas en las que juegan un papel importante, a menudo de manera sutil. Debido a que estos dos espíritus demoníacos son el punto de apoyo de muchos otros espíritus, vemos frecuentemente a los más visibles y no la raíz.

En la visión que Dios me dio, pude ver los dos tentáculos a los que los demás espíritus estaban sujetos, pero no pude identificarlos hasta que fui más profundo en el Espíritu. Vi claramente los nombres de los espíritus de temor, odio, lujuria, ira, drogadicción, etc. Sin embargo, no fue sino hasta que fui más profundamente en el Espíritu, que mis ojos fueron abiertos y vi bajo la superficie las verdaderas raíces de lo que les daba fuerza a estos espíritus.

He encontrado que esta visión fue tan exacta al revelarme no solamente cuáles eran los espíritus fundamentales, sino también cuán escondidos y difíciles de encontrar son para mí a menudo. Muchos cristianos luchan con muchas fortalezas. Asisten a la iglesia, leen libros, reciben oración, incluso asisten a servicios de liberación, pero muy a menudo continúan luchando con el temor, el enojo, la ira, la lujuria, la pornografía, la homosexualidad, la falta de perdón, la codicia, la intimidación y muchos otros problemas.

A menudo vemos que la gente llega a la iglesia con esas luchas y nunca es libre realmente. Asisten un tiempo y generalmente terminan en uno de los tres campos. El primer campo es el de la condenación. La gente que encaja en este campo asiste a una iglesia que predica acerca de vivir en justicia y santidad. Ellos saben que la Palabra que están recibiendo es la verdad, pero parecen no poder ponerla en obra en su propia vida. Aunque intenten hacerlo viven en un estado de condenación continua, siempre sintiéndose indignos e incapaces de obtener la victoria. Pero debido a su amor por Dios y/o a su temor del infierno, permanecen en la iglesia, a menudo con una máscara de religión de manera que nadie vea las batallas que están teniendo.

El segundo grupo también continúa en una iglesia, pero encuentran una que predica el evangelio de la "gracia". La gracia que estos cristianos persiguen no es la verdadera gracia, sino una licencia para el pecado. Escuchan los mensajes acerca de cómo tener una carrera exitosa y de cómo mantener una actitud positiva, pero nunca son desafiados a confrontar las fortalezas que pueden estar obrando en su vida. La iglesia evita resaltar las fortalezas espirituales y a menudo las justifica con una doctrina que dice: "Mientras estemos en la carne, no podemos escaparnos del pecado". Aunque este tipo de enseñanza los libere de la sensación de condenación, no trae la libertad por la que Cristo murió para que tuviéramos.

El tercer grupo de personas es el más grande. Ellos simplemente se dan por vencidos. Dejan de intentar luchar y finalmente dejan de ir a la iglesia por completo. Muchos creen que la iglesia es una institución pasada de moda e irrelevante que no tiene respuestas reales para ellos. Lamentablemente, tienen razón en varios aspectos. Oh, el evangelio tiene todas las respuestas y es verdaderamente relevante, pero lo que muchas iglesias presentan en la actualidad no es el evangelio completo.

Una vez asistí a una importante iglesia carismática afroamericana en el área de Chicago. La música era potente y la atmósfera electrizante. Cada mes tenían un servicio de liberación. Yo creo en el poder liberador de Dios y Él me ha utilizado para echar fuera demonios de cientos de personas. He visto, en un solo servicio, manifestarse demonios en más de doscientas personas y en el nombre de Jesús las doscientas fueron instantáneamente liberadas. Sin embargo, en este servicio, los miembros regulares de la iglesia que habían estado orando una y otra vez, llegaban para otra "liberación". Llegaban con pequeñas bolsas cafés de papel para vomitar a los demonios.

Se podía escuchar a la gente ahogarse y toser, incluso algunos arquear. Hacían este ritual mes tras mes, pero nunca parecían ser realmente libres. La Palabra es clara: "Así que, si el Hijo os libertare, seréis verdaderamente libres" (Juan 8:36). No estoy diciendo que esas personas no lucharan con poderes demoníacos pero, ¿en dónde está la libertad? ¿Será posible que, tal como en mi visión, continúen persiguiendo a los espíritus de la superficie y no puedan lidiar con los verdaderos demonios fundamentales que les dan fuerza?

Deseo abordar un tema aquí. Cuando digo que estos poderes demoníacos tienen acceso a nuestra vida debido a la inseguridad y la inferioridad, no estoy diciendo necesariamente que los demonios nos posean. Estoy hablando del tipo de influencia demoníaca que todos enfrentamos todo el tiempo. Aunque la posesión demoníaca sea real y necesite ser abordada, la mayoría de aquello con lo que luchamos como cristianos cae en la categoría de las obras de la carne (vea Gálatas 5:19–21). Estas son las cosas que vienen como resultado de la caída del hombre y de la obra del pecado. Son, sin embargo, alimentadas por los poderes demoníacos obrando en este mundo. Como lo escribió el apóstol Pablo: "Porque no tenemos lucha contra sangre y carne, sino contra principados, contra potestades, contra los gobernadores de las tinieblas de este siglo, contra huestes espirituales de maldad en las regiones celestes" (Efesios 6:12).

Nuestra lucha es tanto interna como externa. Este golpe uno-dos es el que confunde y mantiene cautivos a muchos creyentes. El enemigo sabe que a menos que obtenga un punto de apoyo en la mente de alguien, no puede controlar verdaderamente a esa persona. Satanás no tiene poder sobre nosotros como creyentes, más que el poder que le damos cuando nos sometemos y aceptamos sus mentiras. El campo de batalla tiene dos lados y debe pelearse en ambos frentes. Está en el cielo y en nuestra mente.

9
LA CLAVES PARA UNA GUERRA ESPIRITUAL EXITOSA

Porque las armas de nuestra milicia no son carnales, sino poderosas en Dios para la destrucción de fortalezas.

2 CORINTIOS 10:4—5

LA VERDADERA LIBERTAD en Cristo sucede solamente cuando aprendemos a hacer una verdadera guerra espiritual. Para lograrlo necesitamos la revelación de dos cosas: la ubicación de nuestro enemigo y la ubicación del campo de batalla. En otras palabras, debemos saber con quién estamos peleando y dónde se encuentra la batalla.

Tomemos como ejemplo la guerra de los Estados Unidos contra el terrorismo. Esta ha sido la guerra más difícil, debido a que los dos elementos principales para una guerra exitosa son difíciles de identificar con claridad. En primer lugar, se nos dificultó ubicar a nuestro enemigo. A Estados Unidos le tomó años ubicar a Osama bin Laden. Él evadió la captura durante casi una década después del 11 de septiembre, antes de que Fuerzas Especiales del Ejército de Estados Unidos lo asesinaran en un operativo en su guarida en 2011. Pero todavía tenemos un segundo problema.

La muerte de Osama bin Laden no eliminó la amenaza de al Qaeda. Todavía existen células terroristas en todo el mundo llenas de militantes manipulados que desean destruir a Estados

Unidos y a Israel. No sabemos en qué lugar del mundo se peleará la siguiente batalla. ¿Atacarán Nueva York otra vez con aviones, una embajada en África con coches bomba o un mercado lleno de gente en el Medio Oriente? Existen muchas maneras en que pueden atacar sin previo aviso.

Estados Unidos tiene el poder de destruir a nuestro enemigo, pero si no podemos ubicarlo a él y al campo de batalla, nunca tendremos éxito en nuestra guerra contra el terrorismo. Si no podemos ubicar esas dos áreas principales, nunca seremos libres. Es por ello que pasamos mucho tiempo e invertimos muchos recursos en reunir *inteligencia*. La inteligencia es la clave para ganar la guerra. Si adquirimos la inteligencia adecuada podemos ganar. Si no lo hacemos, continuamos siendo vulnerables.

La verdad es paralela. Lo mismo sucede en la guerra espiritual. Necesitamos inteligencia espiritual. Si podemos ubicar a nuestro enemigo y el campo de batalla, podemos vencerlo fácilmente. Ya poseemos un asombroso poder a través de la sangre de Jesús. La Biblia nos dice en Lucas 10:19 que se nos ha dado autoridad para hollar serpientes y escorpiones, y sobre toda fuerza del enemigo y nada nos dañará. Es por ello que a Satanás le aterra que descubramos sus secretos mejor guardados: la inseguridad y la inferioridad, así como estas dos claves para la guerra espiritual.

Ahora que ya hemos ubicado a nuestro enemigo profundamente escondido, estamos de camino a la victoria. La segunda clave es encontrar el campo de batalla. Esto se nos revela en 2 Corintios:

> Porque las armas de nuestra milicia no son carnales, sino poderosas en Dios para la destrucción de fortalezas, derribando argumentos y toda

altivez que se levanta contra el conocimiento de Dios, y *llevando cautivo todo pensamiento* a la obediencia a Cristo.

—2 CORINTIOS 10:4–5, ÉNFASIS AÑADIDO

El campo de batalla se encuentra en nuestra mente. A pesar de la guerra que el enemigo lleva a cabo en la atmósfera (Efesios 6:12), si no tiene acceso a nuestra mente, nosotros tendremos la victoria total. Si podemos ganar la batalla de nuestra mente, podemos ganar la batalla de la vida. Satanás establece fortalezas en la vida de nuestros pensamientos. Es la *misma* estrategia que utilizó con Eva en el huerto. Él no tenía el poder para tomarla cautiva. Tuvo que convencerla de rendirse voluntariamente a su control y su influencia. Tuvo que provocar que ella deseara seguirlo. Tuvo que plantar semillas en su mente que ella pusiera por obra: pensamientos que eran mentiras.

Ella tuvo que ser *engañada*. Si tan solo podía convencerla de su mentira, entonces podría llevarla por el camino de la destrucción y la esclavitud a través de la desobediencia. Él necesitaba establecer una *fortaleza* en la mente de ella.

Pero la serpiente era astuta, más que todos los animales del campo que Jehová Dios había hecho; la cual dijo a la mujer: ¿Conque Dios os ha dicho: No comáis de todo árbol del huerto? Y la mujer respondió a la serpiente: Del fruto de los árboles del huerto podemos comer; pero del fruto del árbol que está en medio del huerto dijo Dios: No comeréis de él, ni le tocaréis, para que no muráis. Entonces la serpiente dijo a la mujer: *No moriréis* (fortaleza de inseguridad); sino que sabe Dios que

el día que comáis de él, serán abiertos vuestros
ojos, y *seréis como Dios* (fortaleza de inferioridad),
sabiendo el bien y el mal. Y vio la mujer que el
árbol era bueno para comer, y que era agradable a
los ojos, y árbol *codiciable para alcanzar la sabiduría*
(ahora Eva había sido engañada. Ella creyó que el
árbol era bueno, agradable y deseable); y tomó de
su fruto, y comió; y dio también a su marido, el
cual comió así como ella.

—Génesis 3:1–6, énfasis añadido

Hubo tres resultados del engaño que llevaron a Eva por el
camino de la destrucción:

1. Ella *sintió* que el fruto era *bueno.*

2. Ella *sintió* que el fruto sería *agradable.*

3. Ella *sintió* que el fruto era algo *deseable.*

Estas tres *sensaciones* eran mentiras. El árbol nunca fue
bueno para el hombre. Esto ha llevado a miles de años de
muerte, destrucción y caos. Pero estas tres cosas nos revelan
una asombrosa verdad acerca de la naturaleza humana: gravi-
tamos hacia el placer y escapamos del dolor. Dios nos hizo de
esa manera. Incluso en el huerto, Él les advirtió a Adán y a
Eva acerca del *dolor* de la desobediencia:

Y la mujer respondió a la serpiente: Del fruto de los
árboles del huerto podemos comer; pero del fruto
del árbol que está en medio del huerto dijo *Dios*:
No comeréis de él, *ni le tocaréis, para que no muráis.*

—Génesis 3:2–3, énfasis añadido

La estrategia de Satanás era provocar que Eva creyera una mentira, porque sabía que una vez que lo hiciera, sus emociones comenzarían a llevarla por el camino equivocado. Durante años, los predicadores han dicho que no debemos vivir de acuerdo con nuestros sentimientos. Esto es una falacia. La humanidad siembre ha sido conducida por sus emociones y siempre lo será. Las emociones son nuestra principal fuente de motivación y de energía. Los científicos dicen que 70% de nuestra energía física proviene de nuestras emociones.[1] *No* debemos negar nuestras emociones. Debemos asegurarnos de que nos lleven hacia las cosas de Dios y no hacia las cosas de la carne.

Las emociones están cimentadas en los pensamientos. Nuestros pensamientos determinan lo que sentimos. Si lo que pensamos es correcto, entonces lo que sentimos será correcto. Si lo que pensamos es malo, entonces nuestros sentimientos serán malos. Eva comenzó pensando a través de los ojos de la inseguridad y la inferioridad. Ella creyó que Dios le había mentido y que estaba ocultándole algo bueno. Sintió dolor y deseó sentir placer de nuevo. Ella sintió que si comía el fruto del árbol prohibido, sería libre del dolor de la inseguridad y la inferioridad, y tendría placer de nuevo. Fue engañada. Lo que ella sintió estaba basado sobre sus pensamientos incorrectos.

EL PLACER Y EL DOLOR

¡Tenemos mucho qué aprender de Eva! Esta estrategia de Satanás continúa en la actualidad. Satanás utiliza el dolor de la inseguridad y la inferioridad, y nuestro intenso deseo de calmar ese dolor y adquirir el placer de la seguridad y el valor, para hacer que lo sigamos para hacer casi cualquier cosa. Si los sentimientos de dolor por no hacer algo y el deseo de experimentar placer al hacerlo son lo suficientemente fuertes, haremos casi cualquier cosa.

Podemos ver esto en la horrible tragedia del suicidio. En algún lugar de la mente de la persona, ella se ha convencido de que el dolor de vivir es más grande que el dolor potencial de suicidarse y que el placer de ser libre de las presiones de esta vida es mayor que el placer de vivir. Debido a esta visión distorsionada del placer y del dolor, la persona está dispuesta a suicidarse. El engaño ha ido tan profundo que la persona está dispuesta a involucrarse en una forma sumamente destructiva de escapismo. Las personas lo llevan a cabo todo el tiempo a un grado menor. Se escapan en las drogas, el alcohol, el sexo, la pornografía, la vida desenfrenada y cosas similares para ser libres del dolor o para experimentar placer.

La gente se siente atraída hacia estas actividades autodestructivas, porque se convencen de que aunque son moralmente incorrectas, son en realidad *buenas* para ellos. Creen que estas cosas les darán *placer* y, por lo tanto, deben *desearse*. Incluso los cristianos caen en esta trampa todo el tiempo. Posiblemente el pecado no sea la adicción a las drogas o la fornicación, pero sí algo tan pequeño como comer demasiado. Saben que esa dona extra no les hará ningún bien. Saben que comer de más puede llevarlos a graves problemas en la salud e incluso a la muerte prematura. Pero miran esa comida y dicen: "Esto es bueno, agradable y deseable". Si se les retiene, ellos se sentirán sumamente necesitados de ello.

Estos cristianos han llegado a creer la mentira del enemigo que rendirse a sus deseos es bueno, porque eso les dará placer. Sin embargo, en lugar de sentirse bien, se atrapan en un ciclo sin fin de derrota. Hacen dietas sin resultados. Comienzan a creer fundamentalmente que toda la comida poco saludable que están comiendo es buena, agradable y deseable.

He escuchado decir desde los púlpitos que el pecado es *divertido*, que es agradable y placentero, pero se supone que debemos negarnos a nosotros mismos. Hemos comprendido mal. Si tenemos la mente de Cristo, entonces el pecado nunca nos parece divertido. Nunca parecerá placentero. Nunca parecerá agradable. La Biblia declara: "De modo que si alguno está en Cristo, nueva criatura es; las cosas viejas pasaron; he aquí todas son hechas nuevas" (2 Corintios 5:17). Y dice: "Haya, pues, en vosotros este sentir que hubo también en Cristo Jesús" (Filipenses 2:5). Y la Biblia dice una vez más en 1 Pedro 4:1: "Puesto que Cristo ha padecido por nosotros en la carne, vosotros también *armaos del mismo pensamiento*; pues quien ha padecido en la carne, terminó con el pecado" (énfasis añadido).

¿Jesús vio al pecado con deseo? No, ¡se lo aseguro! Su mente estaba tan alineada con la mente del Padre, que incluso sus sentidos repudiaban el pecado. Nosotros también podemos vivir de esa manera. Podemos llevar de tal manera la mente de Cristo, que nuestros sentidos, nuestras emociones repudien el pecado. Hebreos 5:14 dice que "por el uso", los que han alcanzado madurez *"tienen los sentidos ejercitados en el discernimiento del bien y del mal"* (énfasis añadido).

He experimentado esto en mi propia vida. Cuando fui salvo, Dios me liberó de cinco años de un fuerte abuso de las drogas y el alcohol. No solamente quebrantó en mi vida el poder de la adicción física, sino que quitó el deseo para siempre. Ni siquiera he deseado tocar una droga a partir de ese día. ¿Qué sucedió para liberarme tanto para nunca regresar a lo que solía dominar mi vida? ¡Tuve una experiencia! Tuve una experiencia tan abrumadora, tan fuerte, tan buena, tan placentera y tan deseable con la Palabra que cambió para siempre mi manera de pensar.

Una vez que experimenté la realidad viva de Cristo en lo profundo, anhelé más de Él que las drogas. Vi a Cristo como aquello qué desear y sentí que estar sin Él sería horriblemente doloroso. Mis emociones habían cambiado para siempre. Lo que solía anhelar, ahora lo desdeñaba. Fui cambiado para siempre en un día. Mis emociones dejaron de guiarme hacia el pecado y la esclavitud en una noche y me llevaron a los brazos amorosos de Cristo. Ahora pensaba diferente y, por lo tanto, me sentía diferente. Y como consecuencia actuaba diferente. Satanás había perdido su dominio sobre mí.

Si deseamos caminar en completa victoria debemos poder ubicar a nuestro enemigo y ubicar el campo de batalla. Nuestro más grande enemigo son los malos pensamientos, y el campo de batalla es nuestra mente. Puede usted decir: "Pensé que Satanás era nuestro más grande enemigo". Él es su enemigo, pero ya ha sido derrotado. Si él no puede lograr que usted crea una mentira, entonces *no* tiene poder alguno sobre usted. Él no tiene poder para tocarlo si su pensamiento es correcto y conforme a Dios.

La estrategia de Satanás no ha cambiado en toda la historia. Es exactamente la misma. Él desea provocar que usted crea una mentira, para que se sienta inseguro e inferior. Entonces, cuando esas emociones negativas comiencen a palpitar en su ser, él le pondrá otra mentira. Él le mostrará algo malo y lo convencerá de que es algo bueno, placentero y deseable para remover su inseguridad y su inferioridad. Una vez que coma de su fruto usted habrá caído en su trampa y reforzado su control sobre su vida.

10

EL VERDADERO Y EL FALSO ARREPENTIMIENTO

Porque la tristeza que es según Dios produce arrepentimiento para salvación,
de que no hay que arrepentirse; pero la tristeza del mundo produce muerte.
2 CORINTIOS 7:10

L A CLAVE PARA una victoria total es llevar cautivo todo pensamiento. Las Escrituras nos ordenan arrepentirnos. Arrepentirse no es necesariamente llorar o sollozar sin control. He visto a mucha gente mostrar las expresiones emocionales del supuesto arrepentimiento, pero que nunca cambian. Una vez más, han caído en la trampa de las emociones incorrectas basados en los pensamientos incorrectos.

A menudo, cuando el Señor verdaderamente trata con nosotros hay un gran flujo de emociones, entre ellas un intenso dolor y remordimiento por el pecado en que nos hemos involucrado. Pero mucha gente piensa que solo porque han experimentado una ola de emociones, ya se han arrepentido. Decimos que están "quebrantados". Los pastores se emocionan cuando ven esto, los miembros de la iglesia se regocijan y la persona que está bajo esa convicción siente que ahora se ha arreglado con Dios.

Todo esto es un gran engaño porque, hasta ahora, esa persona no se ha arrepentido. Aunque esa expresión de dolor y de remordimiento puedan ser, como lo son a menudo, el primer paso hacia el arrepentimiento, no es arrepentimiento en sí mismo. Segunda de Corintios 7:10 dice: "Porque la tristeza que es según Dios produce arrepentimiento para salvación, de que no hay que arrepentirse; pero la tristeza del mundo produce muerte".

El dolor nos lleva al arrepentimiento, pero el dolor no es arrepentimiento. Es un cambio en nuestra manera de pensar. La palabra griega para *arrepentimiento* significa cambiar el pensamiento, pensar diferente.[1] Para que suceda un arrepentimiento genuino debe haber un cambio fundamental en la manera de pensar. Si una persona no cambia su manera de pensar, ella jamás cambiará sus acciones. Su deseo emocional de experimentar placer y de evitar el dolor continuarán manejándola. Y una vez más caerá en la trampa de Satanás.

A menudo vemos llegar a la iglesia a personas que son conmovidas fuertemente por el Espíritu del Señor. Dios los convence genuinamente de su pecado y ellos se llenan de profundos sentimientos de arrepentimiento y de dolor. Los miembros de la iglesia se acercan y los abrazan en el altar, diciendo cosas como: "Alabado sea Dios, usted es salvo", o: "Ha vuelto a dedicarle su vida a Cristo". Las personas arrepentidas se sienten amadas y aceptadas. Les gusta esta sensación, de manera que regresan al siguiente servicio. Aunque puedan no haber cambiado fundamentalmente la manera en que piensan acerca del pecado, ellos están dispuestos a evitar algunos pecados abiertos, porque desean ser aceptados en este grupo de amigos de la iglesia. Comienzan a pasar por todos los pasos de la religión, siempre creyendo que han nacido de nuevo.

Tienen una nueva sensación de seguridad y de valor, por la aceptación de los demás. Pero debido a que ese cambio solamente es exterior y no interior, ellos no están experimentando una nueva vida en Cristo. En lugar de ello, están comenzando a comer del fruto de la religión. Si su deseo por la aceptación del hombre es muy profundo y si bastante de su valor y su seguridad proviene de este nuevo grupo de amigos de la iglesia, ellos estarán dispuestos a cambiar más de su comportamiento exterior.

Ellos son siempre conducidos por esta necesidad de seguridad y de valor, no por el poder del Espíritu Santo. Si el grupo de la iglesia les brinda una sensación de valor, ellos permanecerán en la iglesia para satisfacer esta necesidad. Si los amigos que no son salvos satisfacen esta necesidad de aceptación más que el grupo de la iglesia, ellos regresarán rápidamente a su antiguo estilo de vida.

Esto sucede porque nunca hubo un verdadero arrepentimiento. La persona simplemente comenzó a comer otro fruto del mismo árbol de engaño. En lo profundo continúan amando el pecado y están atados por la trampa del árbol. La inseguridad y la inferioridad gobiernan su vida emocional, dictando así sus acciones.

EL FRUTO PODRIDO

En mis años como pastor y evangelista he visto a mucha gente acercarse y permanecer en una iglesia por una temporada. La iglesia predica acerca de rendirse a Dios y de un compromiso cada vez más profundo con la vida santa, lo cual comienza a producir un conflicto en su interior. Aunque les gusta la sensación de seguridad y de valor que obtienen de la iglesia comienzan a sentirse condenados. Están siendo convencidos pero todavía no se arrepienten. No están dispuestos a cambiar la manera en que piensan acerca del pecado. Entonces intentan obedecer. Pero debido a que no pueden resistir al pecado en su carne, estas personas comienzan a sentir que es imposible llevar una vida cristiana. Este conflicto provoca que se sientan inseguros e inferiores otra vez, y el enemigo entra para ofrecerles el fruto.

Él les ofrece frutos diferentes para diferentes tipos de personas. A algunos les ofrece el fruto de la autocondenación. Estas personas comienzan a golpearse verbal y mentalmente, diciéndose: "No sirvo para nada", o: "Soy demasiado débil". Comienzan a pensar que nunca lo lograrán y son conducidos a abandonar la iglesia, pensando que el evangelio en realidad no puede cambiarlos.

El enemigo les ofrece a algunos el fruto del espíritu de crítica. Estas personas se sienten inseguras e inferiores, de manera que comienzan a atacar a la iglesia, a sus líderes y a su doctrina. Les encanta tachar a los cristianos de legalistas y sentenciosos. Les encanta pensar que el problema son todos los demás. Dicen que la congregación no es lo suficientemente amorosa, que el pastor es muy duro o que nadie comprende lo que están atravesando. Estos creyentes a menudo se marchan a otra iglesia que "los acepte como son". A menudo es una iglesia que no predica acerca de la santidad y que no exige una vida de justicia sino una "gracia" que no requiere santidad.

Algunos permanecen en su iglesia original y reúnen a un pequeño grupo que esté de acuerdo con ellos acerca de que el liderazgo es duro y poco afectuoso. Este nuevo grupo ayudará a reforzar sus sentimientos negativos acerca de la iglesia. En ambos casos, estos practicantes están siendo conducidos por la inseguridad y la inferioridad. Simplemente eligen un fruto diferente para proporcionarse los sentimientos de seguridad y de valor que buscan.

Satanás les ofrece a algunos el fruto de la rebeldía. Estas

personas comienzan a rechazar abiertamente la Palabra de Dios y las enseñanzas de la iglesia. Corren de vuelta a su antiguo estilo de vida y a sus amigos que no les exigen cambiar.

Y a otros, el enemigo les ofrece el fruto de la religión. Para lidiar con sus propios sentimientos crecientes de inseguridad y de inferioridad, estas personas se agachan y comienzan a "negar" su carne. Se concentran en cambiar todavía más acciones exteriores para que la gente les aplauda por haber "crecido en el Señor". Asisten a todos los servicios de la iglesia, cambian su manera de vestir y de hablar, pagan sus diezmos y llevan a cabo todas las tareas religiosas. No solo esto, sino que se convierten en fanáticos de las expresiones exteriores de santidad.

Comienzan a predicarle a todo mundo acerca de sus convicciones recién descubiertas y menosprecian a los demás practicantes por no conformarse. Este celo recién descubierto los llena de una sensación de superioridad y acentúa su esclavitud. Estos "predicadores de la santidad" hacen a los cristianos jóvenes y aquellos que no están a la altura de sus estándares, sus maderos de castigo. Dependiendo de la iglesia u organización a la que pertenezcan, estos "súper santos" pueden comenzar a ser colocados en puestos de liderazgo. La gente de la iglesia que también tiene una sensación de seguridad y valor en su justicia externa reconocerá "el llamado de Dios" en la vida de estas personas y les dará poder para escalar a lo alto de la jerarquía de la iglesia. La trampa del árbol continúa creciendo.

Aquellos que abandonan la iglesia ahora están convencidos de que no existe un verdadero poder dentro de la iglesia para cambiarlos. El hecho es que en realidad jamás se arrepintieron. La trampa del árbol continúa creciendo.

EL VERDADERO ARREPENTIMIENTO

El verdadero arrepentimiento no es un sentimiento, es una acción. Es cambiar nuestra manera de pensar. Si pensamos de acuerdo con la Palabra de Dios, entonces nuestros sentimientos y nuestras opiniones se alinean con la Palabra de Dios y nos conducen en la dirección correcta. Es por ello que las Escrituras hacen declaraciones poderosas acerca de quien realmente se ha arrepentido y ha nacido de nuevo.

> Todo aquel que es nacido de Dios, no practica el pecado, porque la simiente de Dios permanece en él; y *no puede pecar*, porque es nacido de Dios.
> —1 JUAN 3:9, ÉNFASIS AÑADIDO

La Nueva Versión Internacional lo dice de la siguiente manera: "El que es nacido de Dios no persiste en la práctica del pecado".

Un día, mientras conducía hacia una reunión en Sacramento, California, el Espíritu de Dios comenzó a hablarme acerca del pecado. Él me dio una definición del pecado que cambió mi vida para siempre y que ha cambiado la vida de multitudes que me han escuchado compartirla alrededor del mundo. El Espíritu Santo me dijo: *"La esencia del pecado es el rechazo de la autoridad justa de Dios sobre la vida de uno".*

Todo en el Reino del cielo se trata acerca de autoridad. La palabra *autoridad* en griego hace referencia al *derecho legal de ejercer poder.*[2] Cuando alguien tiene autoridad, este posee el derecho legal de ejercer poder sobre otro. Permítame darle un ejemplo del mundo real.

Mi hermano es oficial de caminos en California. Una de las áreas que patrulla es el corredor I-5 por partes de California central. Cuando ve a un automovilista yendo a alta velocidad, alcanza rápidamente al conductor y enciende la tristemente celebre luz roja. Casi siempre, el conductor que va a alta velocidad desacelera y se detiene a un lado de la carretera. Mi hermano se baja de su coche y, como muchos lo hemos experimentado, le pide al conductor su licencia de conducir y su matrícula. El conductor, sin hacer preguntas, le entrega los documentos a mi hermano.

¿Por qué? ¿Mi hermano es intimidante? Mide un metro ochenta, pero no es físicamente intimidante. El conductor le entrega a mi hermano lo que le pidió, porque reconoce que mi hermano tiene la autoridad legal para detenerlo y pedirle su documentación. Él se somete al derecho legal de autoridad de mi hermano.

El conductor no está siendo obligado y puede hacer una elección, no es un robot. Hubo un momento en que tomó una decisión. Cuando conducía a alta velocidad y vio las luces rojas del coche de mi hermano, él tuvo que tomar una decisión. Se tuvo que preguntar: "¿Acepto la autoridad legal del oficial o la rechazo?".

Si el conductor rechazara la autoridad legal de mi hermano, podría reaccionar de varias maneras. Podría continuar conduciendo y simplemente ignorar las luces. Podría intentar escaparse a alta velocidad o incluso embestir el coche patrulla de mi hermano. Podría detenerse, salir de su coche y comenzar a maldecir a mi hermano o incluso intentar atacarlo. Pero antes de poder elegir algo, primero tuvo que haber decidido que no aceptaría el derecho legal de mi hermano para detenerlo.

El pecado es un problema de autoridad. Dios nos creó y tiene un derecho inherente para decirnos qué hacer, qué decir y cómo vivir. Él es Señor. Desde el principio, el pecado ha estado basado en este primer paso: *el rechazo de la autoridad legal de Dios sobre nuestra vida.* Lucifer en el cielo primero tuvo que negar la autoridad justa de Dios antes de poder considerar desobedecerlo. Lo mismo sucede con nosotros. Para poder desobedecer a Dios, debemos primero rechazar su autoridad legal sobre nosotros. Debemos decir: "*No,* no me someteré a ti. Rechazaré tus demandas legales y justas sobre mi vida y mis acciones". Ah, posiblemente no lo digamos tan abiertamente, pero todos lo hacemos. No podemos cometer un acto de desobediencia sin primero rechazar la autoridad legal y justa de Dios sobre nuestra vida.

La esencia del pecado

La Biblia nos ordena arrepentirnos de nuestros pecados. En otras palabras, debemos cambiar nuestra manera de pensar acerca de rechazar la autoridad legítima de Dios y aceptar su derecho de gobernar y reinar en nuestra vida. Este es el verdadero arrepentimiento. Es por ello que 1 Juan 3:9 dice: "El que es nacido de Dios no persiste en la práctica del pecado" ni rechaza la autoridad legítima de Dios. La persona que se ha arrepentido de verdad, ha dejado de rechazar la autoridad legítima de Dios y ha elegido someterse a Él.

Una vez que la persona elige someterse, entonces se libera todo el poder que necesita para vivir de acuerdo con la Palabra de Dios. Cuando nos arrepentimos, Dios nos perdona y nos *limpia* de toda maldad (vea 1 Juan 1:9). Nos limpia de nuestro carácter que va contra su naturaleza y crea en nosotros su carácter y su naturaleza. El poder del pecado en nuestra vida es quebrantado. Al llevar cada área de nuestra vida ante Dios y rendirla a la autoridad legítima de Cristo, el poder de la redención y de la liberación comenzará a obrar prácticamente en nuestras acciones diarias.

Si lo pensamos, resulta lógico. Si realmente me he arrepentido, he cambiado mi manera de pensar acerca de rechazar la autoridad legítima de Dios sobre un problema particular de mi vida. Ahora, entonces, no solamente me someto a Dios, sino también estoy de acuerdo con Él en que ese acto en particular es completamente pecaminoso y aborrecible. Mi creencia acerca de la conveniencia de ese pecado en particular, ahora ha cambiado. En este punto, mis sentimientos acerca de ese pecado cambian del deseo a la repugnancia, de anhelar tenerlo a desear dejarlo. Mientras esté de acuerdo con la perspectiva de Dios con respecto a este pecado, sentiré lo que Dios siente al respecto. Mis emociones estarán de acuerdo con Él y me alejarán del comportamiento pecaminoso.

Si continuamos siendo atraídos por algunos pecados, se debe a que *no* nos hemos arrepentido completa y verdaderamente. Podemos sentirnos muy culpables y avergonzados de nuestros deseos, pero en lo profundo continuamos amándolos. En lo profundo, ese pecado está alimentando un área de inseguridad o de inferioridad, y el deseo de satisfacer esos sentimientos es mayor que su voluntad de someterse a la autoridad legítima de Dios en su vida. La única manera de ser libre es arrepentirse y someterse verdaderamente a la autoridad de Dios en su vida.

*La cual (la serpiente) dijo a la mujer: ¿Conque Dios os
ha dicho: No comáis de todo árbol del huerto?*

GÉNESIS 3:1

COMO LO VIMOS en el capítulo anterior, en el Reino
del cielo todo se reduce a la autoridad. Deseo llevarlo
a un nivel más profundo en el Espíritu, de manera
que pueda comprender cómo opera el enemigo en las áreas de
la inseguridad y la inferioridad. Una vez más regresemos a la
caída original del hombre en el libro de Génesis.

> Pero la serpiente era astuta, más que todos los ani-
> males del campo que Jehová Dios había hecho; la
> cual dijo a la mujer: ¿Conque Dios os ha dicho:
> No comáis de todo árbol del huerto? Y la mujer
> respondió a la serpiente: Del fruto de los árboles
> del huerto podemos comer; pero del fruto del
> árbol que está en medio del huerto dijo Dios: No
> comeréis de él, ni le tocaréis, para que no muráis.
> Entonces la serpiente dijo a la mujer: No moriréis;
> sino que sabe Dios que el día que comáis de él,
> serán abiertos vuestros ojos, y seréis como Dios,
> sabiendo el bien y el mal. Y vio la mujer que el

árbol era bueno para comer, y que era agradable a
los ojos, y árbol codiciable para alcanzar la sabiduría; y tomó de su fruto, y comió; y dio también
a su marido, el cual comió así como ella.

—Génesis 3:1–6

Cuando vemos esta historia debemos hacernos un par de
preguntas clave. ¿Cuál era el fin del enemigo al soltar estos
dos espíritus demoníacos sobre Eva? ¿Qué estaba intentando
lograr? Propongo que Satanás buscaba una sola cosa: quebrantar la autoridad de la relación entre el hombre y Dios.

Satanás comprendía mejor que otra criatura el tema de la
autoridad. Él sabía que la autoridad nunca se toma, solamente
se otorga. Deseo que establezca esta verdad en lo profundo de
su espíritu. La autoridad nunca se toma, solamente se otorga.
No tenemos el derecho de ejercer autoridad, a menos que
estemos bajo la autoridad. Satanás comprendió que todo el
poder que Adán y Eva tenían sobre la Tierra provenía solamente de la relación de autoridad que tenían con Dios, que
Dios les había otorgado el poder y el derecho de ejercitarla
en la Tierra. Dios les había dado dominio a Adán y a Eva.
La Biblia nos dice en Génesis 1:28: "Y los bendijo Dios, y les
dijo: Fructificad y multiplicaos; llenad la tierra, y sojuzgadla,
y señoread en los peces del mar, en las aves de los cielos, y en
todas las bestias que se mueven sobre la tierra". Cuando vemos
este versículo, nos damos cuenta de que lo primero que Dios
les dio a Adán y a Eva fue el poder de la bendición. La bendición no son cosas como coches, ropa o dinero. Es el poder
de prosperar. De manera que a menudo, nos referimos como
bendición a algo que recibimos sin esperarlo, pero la bendición es la unción, el favor y el poder de Dios que nos da la
capacidad de prosperar en todas las áreas de nuestra vida.

Dios puso su bendición sobre Adán y Eva, y les dijo que fructificaran. Al ser fructíferos debían multiplicarse, llenando así la Tierra, señorearla y tener dominio. Dios les dio a Adán y a Eva el dominio sobre los peces del mar, sobre los pájaros del cielo y sobre toda cosa viviente que se movía sobre la Tierra. El hombre tenía el derecho legal de ejercer poder sobre todas las cosas de la Tierra. Eso es la autoridad. *Exousia*, la palabra griega para autoridad, significa literalmente el derecho de ejercer poder.[1] Dios les había dado a Adán y a Eva el derecho legal de ejercer poder aquí en la Tierra. Les dio dominio.

Lucifer tenía dominio en el cielo. Él era el ser creado más supremo. Él era el querubín guardián. Tenía un poder y una autoridad increíbles en el cielo. Pero cuando rechazó la autoridad de Dios e intentó subir al cielo, perdió el poder de dominio que poseía (vea Isaías 14:12–14).

Necesitamos una revelación en este punto. Quizá tengamos dones, talentos y capacidades, pero hemos perdido nuestro poder de dominio. Esto es lo que la serpiente perseguía en el huerto de Edén. Deseaba que Eva rechazara el derecho legal de autoridad que Dios tenía sobre su vida y, por consiguiente, perdiera su poder de dominio. Después de que Adán y Eva cayeron, dejaron de tener dominio sobre los peces del mar, sobre las aves del cielo y sobre toda criatura viviente que se movía sobre la Tierra. Cuando rechazaron el derecho legal de autoridad que Dios tenía sobre su vida, ellos perdieron el poder de dominio en el que debían operar.

Satanás sabía que si podía hacer que Adán y Eva violaran la ley de Dios y de ese modo quebrantaran la relación de autoridad que tenían con Dios, él podía robarles el poder y la posición que Dios les había dado. Deseo que establezca esto en lo profundo de su espíritu, porque Jesús vino a restaurar lo que el diablo robó. Si lee Mateo 16:15–19, verá esta verdad expuesta.

> Él les dijo: Y vosotros, ¿quién decís que soy yo?
> Respondiendo Simón Pedro, dijo: Tú eres el
> Cristo, el Hijo del Dios viviente. Entonces le res-
> pondió Jesús: Bienaventurado eres, Simón, hijo de
> Jonás, porque no te *lo* reveló carne ni sangre, sino
> mi Padre que está en los cielos. Y yo también te
> digo, que tú eres Pedro, y sobre esta roca edificaré
> mi iglesia; y las puertas del Hades no prevalecerán
> contra ella. Y a ti te daré las llaves del reino de los
> cielos; y todo lo que atares en la tierra será atado
> en los cielos; y todo lo que desatares en la tierra
> será desatado en los cielos.

Jesús le preguntó a Pedro: "Quién decís que soy yo?".
Pedro respondió diciendo: "Tú eres el Cristo, el Hijo del Dios
viviente". Y Jesús le dijo: "Bienaventurado eres". ¿Por qué bendijo a Pedro? ¿Cuál fue la plenitud de la revelación que Pedro
acababa de recibir? Pedro le dijo a Jesús: "Tú eres el Cristo.
Eres el Ungido, el Mesías. Tú eres el Salvador y la autoridad
que vendrá". Pedro estaba diciendo: "Jesús, te reconozco como
el ungido enviado por Dios para ser mi Rey".

Eso es lo que los judíos buscaban cuando Jesús entró en
escena. Estaban buscando un nuevo líder ungido, escogido
por Dios para que fuera su rey y los llevara a una victoria política. Es por ello que gritaron: "Hosanna" cuando Jesús hizo su
entrada triunfal en Jerusalén durante su última semana en la
Tierra. *Hosanna* significa un rey viene.[2] Pedro había recibido
una revelación de quién era Jesús en realidad y de la autoridad
que tenía. Es por ello que Jesús dijo: "Bienaventurado eres,
porque mi Padre en los cielos te lo ha revelado".

Ahora veamos Mateo 16:18. En este versículo Jesús básicamente le está diciendo a Pedro: "Sobre esta roca (sobre la

revelación que acabas de tener de mi autoridad), edificaré mi iglesia; y las puertas del Hades no prevalecerán sobre ella. Acabas de obtener las llaves de la victoria, Pedro. Acabas de comprender que he venido a restaurar la autoridad y el dominio que estaban perdidos".

Observe el siguiente versículo. Jesús dijo: "Y a ti te daré las llaves del reino de los cielos". Un reino es un dominio, una esfera en la que algo domina. Es un lugar donde gobierna una autoridad o un rey. Jesús dijo que una vez que adquirimos esta revelación de su autoridad y nos sometemos correctamente bajo su autoridad, Él nos devolverá el poder de dominio sobre lo que se perdió en el huerto de Edén. Y una vez que nos devuelve el poder de dominio, las fuerzas del infierno ya no tienen poder sobre nosotros.

Jesús le estaba diciendo a Pedro: "Edificaré mi iglesia sobre esta revelación (la revelación del Reino y la restauración de la autoridad de dominio, y el poder que surge cuando te sometes a mi señorío) y las puertas del Hades no prevalecerán contra ella".

Ya hemos aprendido que en el Reino del cielo todo se reduce a la autoridad. La meta suprema de Satanás en el huerto era quebrantar la relación de autoridad entre el hombre y Dios. Si podía quebrantar esa relación, podía robarle al hombre el poder de dominio. Esto es lo mismo que el enemigo está persiguiendo cuando nos ataca a nosotros con inseguridad e inferioridad.

UNA PERCEPCIÓN DISTORSIONADA

Puede preguntarse qué hizo que Eva estuviera dispuesta a salir de la autoridad de Dios en su vida. ¿Cómo es que Satanás causó que violara la relación de autoridad que tenía con Dios?

No tenemos idea de cuánto tiempo estuvieron en el huerto
Adán y Eva antes de que sucediera la tentación. Tampoco
tenemos idea de cuánto tiempo duró la tentación. Cuando
leemos la historia en Génesis tendemos a pensar que todo
sucedió en una corta conversación y posiblemente así fue. Pero
es posible que haya sido una tentación progresiva y que se dio
una continua conversación durante un periodo de tiempo.
Cual sea el caso, Satanás llevó a Eva a un punto en el que
estaría dispuesta a violar la relación de autoridad que tenía
con Dios y desobedecer su clara orden, la cual comprendía
completamente.

He escuchado decir a mucha gente que la serpiente engañó
a Eva y eso es completamente cierto. Pero la serpiente no hizo
que Eva confundiera la orden clara de Dios. Eva fue engañada
para pensar que su voluntad para violar la orden de Dios estaba
justificada. Eva comprendía lo que era correcto y lo que no,
pero abrazó un sistema de creencias que le permitió justificar
en su propia mente su decisión de rechazar la orden de Dios.
El engaño cambió su percepción de la realidad. Establezca lo
siguiente en su espíritu: *el engaño cambia la percepción*.

Satanás la engañó al poner en duda la veracidad de la
orden de Dios. Él declaró: "No moriréis". Satanás sembró una
semilla en Eva que la llevó a dudar de las intenciones de Dios.
Él hizo que Eva cuestionara lo que Dios buscaba en realidad
al darle su orden. Él reforzó esto al insinuar que Dios estaba
escondiéndoles a Adán y a Eva algo que los beneficiaría gran-
demente. Él le dijo que Dios sabía que cuando ella comiera
del árbol tendría algo que el Señor estaba intentando rete-
nerles, Él estaba intentando esconderles una bendición especial que les permitiría ser tal como Él.

Satanás provocó que Eva creyera que la intención detrás
del mandamiento de Dios acerca de no comer del árbol era

un intento egoísta para evitar que Adán y Eva fueran todo lo que podían ser. Este engaño cambió la percepción que Eva tenía de la realidad. Cuando comenzó a cuestionar las intenciones de Dios, Eva inició el proceso mental que le permitió justificar su desobediencia y más tarde rechazar la autoridad de Dios. Esta es la misma estrategia que Satanás utiliza en la actualidad para causar estragos no solamente en nuestra relación con Dios sino también en las relaciones con los demás.

Debemos observar cuidadosamente lo que sucedió con Eva. Eva conocía el claro mandamiento de Dios. Ella le dijo a Satanás que si comía del árbol o lo tocaba, moriría. El problema inició cuando ella comenzó a cuestionar las intenciones de Dios. Ella comenzó a creer que la declaración de juicio de Dios para quien desobedeciera, no era genuina. Cuando comenzó la conversación con la serpiente, ella creía que el árbol era malo para ella. Sin embargo, si vemos en Génesis 3:6, es claro que toda su percepción de la realidad cambió de pronto: "Y vio la mujer que el árbol era bueno para comer, y que era agradable a los ojos, y árbol codiciable para alcanzar la sabiduría; y tomó de su fruto, y comió; y dio también a su marido, el cual comió así como ella".

Cuando la mujer vio el fruto después de cuestionarse las intenciones de Dios, su percepción era diferente. Lo que solía creer que era malo, ahora creía que era bueno. Lo que solía creer que era destructivo, ahora creía que era agradable a los ojos. Lo que solía creer que traería muerte, ahora creía que la haría más sabia y viva. Su engaño, el cual surgió de su voluntad para creer las mentiras del enemigo, cambió su percepción. Eso es muy importante y necesito decirlo de nuevo. *El engaño de Eva cambió su percepción.*

Cuando Eva juzgó las intenciones de Dios, se distorsionó su capacidad para ver correctamente la verdad. Ella ya no podía discernir con exactitud la verdad, porque ahora estaba sentada en el trono del juicio con su autoridad: Dios. Y eso distorsionó su perspectiva acerca de lo que Dios le había dicho y le diría. Esta es la naturaleza del engaño. El engaño distorsiona nuestra percepción de la realidad.

Cuando Eva creyó que las intenciones de Dios eran incorrectas, ella pudo justificar en su propia mente haber rechazado la autoridad legítima de Dios sobre su vida. Ahora ella se apropiaba de la autoridad, desarrollaba su propia percepción de la realidad y actuaba libremente de acuerdo con esta perspectiva. Todo comenzó cuando Eva se sentó en el trono del juicio y armó su propia conclusión acerca de las intenciones de Dios en su corazón. Este tipo de juicio es la causa fundamental de muchas de nuestras violaciones a la autoridad establecida.

La gente viola la autoridad por dos razones principales. La primera se debe a la rebeldía descarada. Sucede cuando conocemos la verdad claramente y elegimos rechazarla y hacer lo nuestro. Esto no es lo que sucedió en el huerto. Aunque la acción de Eva fue de rebeldía, ella lo hizo porque fue engañada.

La segunda razón por la que la gente viola la autoridad, la cual es mucho más común, es porque han llegado a una sentencia falsa de las intenciones de una autoridad y eso distorsiona su percepción de la realidad. Cuando las personas adquieren una percepción retorcida de la realidad, se comportan fácilmente de una manera rebelde, porque sienten que sus acciones son completamente justificadas. No creen ser rebeldes. No creen estar en desobediencia. Se sienten total y completamente justificados. Esto sucede, porque filtran la comunicación de la figura de autoridad a través de la nueva perspectiva de la realidad que desarrollaron al juzgar las intenciones de esa autoridad.

Podemos verlo en todos los aspectos de la vida. Lo vemos a menudo en las zonas marginales, donde existe una alta desconfianza de los agentes de la policía sembrada en el corazón de los jóvenes. Ellos han llegado a creer que la policía es racista y que está erróneamente persiguiendo a los grupos étnicos. Ellos creen que los agentes de la policía están en su vecindario simplemente para hostigarlos. Cuando un joven cree esto, cualquier interacción que este tenga con la policía estará filtrada por el engaño de las intenciones de la policía.

De manera que si un agente de la policía detiene a una persona y le pide su licencia, alguien que ve el cumplimiento de la ley a través de un cristal negativo, puede molestarse y decir: "¿Por qué me hostiga?". El oficial no estaba tratándolo de manera diferente que a otro ciudadano. Pero debido a que esa persona desconfía de las intenciones de los agentes de la policía, esta percibe las acciones del oficial como un hostigamiento injustificado. Así que en lugar de respetar y someterse a la autoridad, la persona puede discutir y pelear. Puede contraatacar o intentar escapar, todo mientras siente que sus acciones están completamente justificadas, porque cree que las intenciones del oficial son incorrectas.

Podemos ver esto en las familias todo el tiempo. Uno de los padres le dice al adolescente que no tiene permiso de asistir a una fiesta. El adolescente comienza a creer que sus padres solamente desean evitar que se divierta. Entonces comienza a creer que sus padres tienen algo contra sus amigos. Cuando el adolescente deja de creer que las reglas de sus padres son para protegerlo y en lugar de ello son conducidas con otra intención, el adolescente puede justificar la idea de rebelarse contra la autoridad de sus padres.

Al enemigo le encanta hacernos juzgar las intenciones de la gente. Esto no solo provoca que las personas se rebelen contra la autoridad, sino también crea una increíble división en las relaciones.

EL TRONO DEL JUICIO

No juzguéis, para que no seáis juzgados. Porque con el juicio con que juzgáis, seréis juzgados, y con la medida con que medís, os será medido.

MATEO 7:1–2

E L ENEMIGO NOS ataca con los espíritus de inferioridad y de inseguridad para destruir muchas relaciones, no solamente entre los oficiales de policía y las comunidades o entre los adolescentes y sus padres. Él utiliza el proceso de provocar que la gente se cuestione las intenciones de una persona, para destruir la relaciones en la iglesia también. Lo he visto una y otra vez.

Hace varios años un amigo mío fue invitado a unirse al personal de la iglesia que un amigo ministro suyo había establecido. Le dijeron a Bob* que lo prepararían para dirigir la iglesia cuando el pastor y el pastor secundario se retiraran en algunos años. Después de orar acerca de la oferta, Bob sintió que el Señor lo estaba llevando a tomar el puesto. De manera que su familia y él regresaron a su estado de origen para comenzar a servir en esa iglesia.

La iglesia solamente tenía dos años. Pero el pastor fundador viajaba y daba conferencias frecuentemente, y no podía dirigir

---

* Se le ha cambiado el nombre

la iglesia solo. Así que le pidió a un amigo cercano, Tom* que sirviera como su pastor secundario. Tom nunca había dirigido una iglesia grande, pero siempre había vivido a la sombra del éxito del ministerio de su amigo. En ese momento, Bob no pensaba nada al respecto, pero estaba a punto de encontrarse con los efectos devastadores y destructivos de la inseguridad y la inferioridad dentro del liderazgo de una iglesia local.

Cuando Bob se unió al personal de la iglesia, el plan era que dirigiera los servicios semanales de avivamiento. Los pastores lo dejaron completamente a cargo de los servicios de avivamiento y el poder de Dios se movía de una manera asombrosa. La congregación respondió positivamente. La respuesta de hecho fue tan fuerte que los servicios de avivamiento comenzaron a crecer significativamente más que los servicios dominicales que Tom estaba dirigiendo. Y aquí es donde todo comenzó a ir mal.

Bob no lo percibió, pero Tom estaba comenzando a sentirse extremadamente temeroso y celoso por lo que Dios estaba llevando a cabo en los servicios de avivamiento. Aunque técnicamente estaba dirigiendo la iglesia, Tom comenzó a exigirles a los demás líderes de la iglesia, por debajo de la mesa, que no asistieran a los servicios que Bob estaba dirigiendo. El hecho de que la gente le respondiera tan bien a Bob y que atrajera a más personas hizo que Tom se sintiera increíblemente inseguro e inferior. Pronto comenzó a criticar la manera de predicar de Bob y las manifestaciones de Dios que sucedían en los servicios de avivamiento. Y Tom comenzó a sentirse menospreciado por quienes asistían a los servicios, diciendo que eran cristianos superficiales que solamente buscaban un espectáculo.

---

* Se le ha cambiado el nombre

Durante varios meses Bob no supo que eso estaba sucediendo, aunque sabía muy bien que había tensión entre Tom y él. Después de que Bob hubiera estado en la iglesia durante alrededor de cuatro meses, Tom se levantó en uno de los servicios de avivamiento y confesó públicamente que se había sentido celoso por el hecho de que Dios estaba utilizando a Bob y no parecía estarlo utilizando a él. Bob se quedó estupefacto, como puede imaginarlo, pero también se entusiasmó de que Tom confesara públicamente su pecado. Él pensó que podrían seguir juntos en el ministerio. Lamentablemente, ese no sería el caso.

La inseguridad y la inferioridad continuaron obrando en Tom y él se convenció de que Bob deseaba robarle la iglesia. Él pensó que Bob estaba planeando secretamente dividir a la iglesia. Eso no pudo estar más alejado de la verdad. Bob comparte mi convicción de que las divisiones de las iglesias son una violación profunda y fundamental de la esencia del cristianismo bíblico. Conozco bien a Bob para decir con confianza que él evitaría a toda costa estar involucrado en la división de una iglesia.

Pero una vez que Tom determinó en su mente que Bob deseaba robarle a los miembros de su iglesia, veía todo cuanto Bob hacía a través de esa lente. Él se estaba sentando en el trono de juicio malinterpretando las intenciones de Bob. Tom comenzó a hacer cometarios negativos acerca de Bob entre el personal. Había una guerra constante tras bambalinas en la iglesia, lo cual provocó un gran daño en la congregación. Los miembros de la iglesia comenzaron a marcharse porque, cuando se dieron cuenta de lo que estaba sucediendo, no podían creerlo.

Cuando Bob habló con su amigo pastor que originalmente le había ofrecido el empleo en la iglesia, el pastor sugirió que

Bob predicara en toda la ciudad, hiciera que muchos fueran salvos y los animara a seguirlo, de manera que Tom finalmente sintiera que ya no pertenecía a la iglesia y renunciara. Ese fue un plan torcido del que Bob rechazó formar parte.

Al final todo estalló. Los ingresos de la iglesia habían bajado tanto que ya no se podía costear el salario de Bob. Un día Tom invitó a Bob a su oficina y le dijo que lo despedirían. En un intento de operar en el espíritu de Cristo, Bob ofreció permanecer en el personal sin goce de sueldo. Pero Tom se sinceró y dijo sin rodeos: "Ya no te quiero aquí". Bob quería a Tom, le dijo que respetaba su decisión y abandonó su puesto en la iglesia.

Tres semanas después, el amigo de Bob en el ministerio llamó a la junta de la iglesia para echar a Tom. ¡Él deseaba derrocar a su amigo! Este pastor le pidió a Bob y a su familia que asistiera a la reunión. Les dijo que podían restituirles la iglesia una vez que Tom se hubiera marchado y que a partir de allí podrían llevar a cabo "lo que Dios quiera que hagamos". Bob no se presentó a la reunión.

Bob escuchó que la reunión se tornó en un desastre. La gente se gritaba, lanzaba acusaciones, maldecía y se insultaba, todo en un servicio dominical matutino. La gente que estaba sentada en el trono de juicio asignándose intenciones falsas, estaba otorgándoles el poder a la inseguridad y la inferioridad, que ahora estaban mostrándose completamente. Esto le dio a cada lado de la disputa la justificación que necesitaban para actuar en rebeldía y en una manera que no agradaba a Dios.

El falso discernimiento

Es lamentable, pero eso ha sucedido una y otra vez en las iglesias alrededor del mundo. La inseguridad y la inferioridad nos abren la puerta para asignar intenciones falsas a las acciones de una persona, lo que más tarde provoca que cambie nuestra perspectiva de lo que es real. Muchas veces cuando los cristianos aseguran que Dios les ha dado discernimiento acerca de una situación, en realidad no es nada más que un juicio basado en el temor de las intenciones de otras personas, que está fundado sobre la propia inseguridad y la inferioridad de la persona.

Deseo que establezca eso en lo profundo de su espíritu. Dígalo en voz alta. *Lo que muchos cristianos llaman discernimiento, no es nada más que un juicio basado en el temor de las intenciones de otras personas, que está fundado sobre su propia inseguridad e inferioridad.* Nosotros los cristianos utilizamos un lenguaje espiritual para justificar sentimientos que no están basados en la realidad. Nos encanta decir: "Sentí en mi espíritu", o: "Mi espíritu se contristó", o: "Fui alertado en mi espíritu".

Conozco a un ministro que se encontró en esta situación hace varios años. Su iglesia estaba en medio de un increíble avivamiento, cuando uno de los miembros de su iglesia lo llamó muy molesto. Ella dijo que el Espíritu Santo se había contristado y que ella había discernido durante uno de los servicios de avivamiento que había división en la casa. El pastor le pidió ser más específica, pero ella solamente divagaba utilizando vocabulario espiritual. Finalmente, el ministro le dijo a la mujer que dejara de hablar "espiritualmente" y le pidió dejar los rodeos: "¿Qué quiere decir exactamente?".

Resultó que la mujer pensó que el ministro estaba enojado con ella. Ella batallaba con el temor al rechazo, el cual está profundamente cimentado en la inseguridad y la inferioridad, y el pensamiento de que el pastor estaba molesto con ella, de alguna manera se estableció en su mente. Entonces, ese pensamiento distorsionó la percepción de todo lo que sucedió durante la reunión de avivamiento.

La mujer pensó que el Espíritu Santo le había dado discernimiento acerca del servicio de avivamiento. Pero su inseguridad y su inferioridad provocaron que creyera una mentira que distorsionó su perspectiva. Ella le atribuyó una falsa intensión a su pastor (que él estaba molesto con ella), lo cual provocó que ella malinterpretara lo que Dios estaba llevando a cabo en el servicio de avivamiento.

El ministro no estaba molesto con la mujer. No tenía ningún problema con ella. La mujer hizo un juicio basado en el temor acerca de los sentimientos de su pastor hacia ella y distorsionó la percepción de todo lo que sucedió en el servicio. Esta mujer ya había comenzado a difundir su falsa percepción con varias mujeres y un círculo de chisme comenzó a difundir la mentira de que había un "espíritu de división" en algunos de los líderes principales y que a Dios no le agradaban las reuniones de avivamiento. Dichosamente, el ministro y este miembro de la iglesia pudieron arreglar las cosas y deshacer la mentira antes de que causara un daño mayor.

Creo que esta es la causa de la mayoría de divisiones que la gente experimenta en las relaciones. Juzgan equivocadamente las intenciones de alguien, por causa de su propia inseguridad e inferioridad. Cuando esto sucede, el temor adquiere una fortaleza. Entonces la persona no puede ver la verdad y no es capaz de ver apropiadamente lo que realmente está sucediendo tras bambalinas.

Esto sucede en los matrimonios todo el tiempo. El enemigo le dice a la esposa que su esposo no la valora verdaderamente. Entonces le recuerda algunos incidentes para reforzar ese pensamiento. El enemigo dice: "Observa que él no te ayuda con los trastes o deja su ropa en el piso, o que no te escucha cuando está viendo el partido de fútbol".

La esposa comienza a creer que su esposo no la valora. Ella hace un falso juicio cimentado en la inseguridad y la inferioridad. Recuerde que la inferioridad es la sensación o el sentimiento de tener una posición, una condición o un valor menor. Después de escuchar las mentiras del enemigo, la esposa comienza a sentirse inferior. Entonces, ahora tiene un filtro en su mente que distorsionará su percepción de todo lo que el esposo dice o hace.

Él puede decirle que la ama, pero sus palabras ya no la hacen sentir como solían hacerlo cuando eran novios. Ella comienza a preguntarse si él realmente lo siente cuando dice que la ama. Ella ha hecho un juicio basado en el temor de sus motivos y ahora ve todo lo que él hace a través de esa lente.

En este punto, el temor se ha cimentado en ella: el temor de que su esposo ya no la ame o la valore como solía. Ella se preocupa de que pueda comenzar a ver a alguien más. Comienza a temer quedar atrapada, ser utilizada o posiblemente incluso maltratada en su matrimonio. Esto provoca que ella justifique su cambio de actitud y su comportamiento hacia él. Ella comienza a quejarse. Se vuelve exigente y se molesta por las cosas más pequeñas, posiblemente incluso acusándolo de no preocuparse por ella o de no estar con ella.

La pareja puede acudir a consejería en este punto. Ella dice que él necesita hacerlo y mostrar que la valora. Él se esfuerza, pero nunca parece ser suficiente. ¿Por qué? Porque mostrarle a su esposa cuánto la valora es solamente el síntoma, no es el problema. Hasta que la esposa descubra la raíz de la mentira que la ha llevado a cuestionar las intenciones de su esposo, ella continuará encontrando algo nuevo de qué quejarse. Habrá una cosa y después, otra. Con el tiempo, el esposo se frustrará y dejará de intentar.

Podría darle ejemplo tras ejemplo de situaciones en las que esto sucede. Utilicé el ejemplo de la esposa que hace un falso juicio de las intenciones de su esposo, pero los esposos hacen lo mismo con su esposa. Tome la situación que describí anteriormente; mientras la esposa se queja continuamente, el esposo comienza a sentirse emasculado. Cree que su esposa no lo valora o respeta, lo cual lo hace sentirse inferior e inseguro. Pero él está juzgando equivocadamente las intenciones de su esposa también.

Él comienza a reaccionar con el fin de protegerse. Comienza a aislarse, a comunicarse menos con su esposa y a evitar estar en casa por medio de cargarse de trabajo, salir con sus amigos y cosas por el estilo. Ahora él está reaccionando ante la reacción que ella tuvo a la mentira que el diablo sembró en su mente. Las acciones del esposo simplemente refuerzan los sentimientos de devaluación iniciales de la esposa y ella se siente todavía más insegura y temerosa, y reacciona más severamente contra su esposo cuando él está en casa; lo cual lo aleja aún más. La pareja entra en una grave división, llevándolos a separarse y a considerar el divorcio.

He visto esto una y otra vez disparado por varios problemas. Puede comenzar por un descuerdo financiero. Él desea gastar mucho más dinero en un aparato lujoso, un coche nuevo o una elegante sala de entretenimiento. Como ella administra la chequera piensa que deben ahorrar dinero para tiempos difíciles. Él cree que ella no desea que tenga cosas lindas. Ella cree que a él no le importa la situación económica de la familia. Comienzan a pelear, porque juzgan equivocadamente las intenciones de la otra persona y piensan que a su cónyuge no le interesa el otro o que no los ama de verdad.

O posiblemente ella siempre está acumulando deudas en la tarjeta de crédito, comprando vestidos, zapatos y joyas nuevas que no necesita. Resulta una pelea acerca de cuánto dinero se está gastando y la pareja se divide por causa de la presión económica. Ella comienza a sentir seguridad al tener cosas lindas y el se siente inferior, porque tiene deudas. Aunque él sea sabio en desear vivir sin deudas, ambos están obteniendo su sensación de valor de algo que no es Dios. Están utilizando el dinero para adquirir una sensación de valor, de la cual hablamos en el capítulo 5.

Esta pareja continúa asignándose intenciones falsas y comienza a temer lo que la otra persona pueda hacer con las finanzas de la familia. De manera que comienzan a separar sus ingresos y a dividir todos los gastos hasta el más mínimo detalle. Intentan protegerse de los hábitos de gasto de su cónyuge, pero están dirigiéndose por el camino que los llevará a una división mayor.

Vemos que el enemigo utiliza esta táctica de división entre los niños con mayor frecuencia cuando entran en la adolescencia. Satanás está utilizando constantemente la música, las películas, los videojuegos y los programas de televisión populares para sembrar mentiras en la generación más joven que los lleva a desconfiar. Él les dice: "Tus padres no te comprenden. No les importas. No les gusta en quien te has convertido y solamente están estableciendo esas reglas para evitar que hagas lo que deseas hacer".

Una vez que el enemigo ha convencido a estos jóvenes de asignarles a sus padres intenciones falsas y hacer juicios falsos como resultado, los adolescentes se sienten justificados para rechazar la autoridad de sus padres y hacer lo que desean hacer. Estos adolescentes han caído en la trampa del árbol.

Han comido del fruto prohibido y, como Adán y Eva, han roto la amistad con Dios y con la fuente de vida, que es Jesucristo.

No juzgue

Antes de profundizar más en esta revelación acerca de cómo funciona el temor específicamente y de lo que podemos hacer para quebrantar su poder en nuestra vida, deseo que lea esto en voz alta: *Lo que muchos cristianos llaman discernimiento no es nada más que un juicio basado en el temor de las intenciones de otras personas, que está cimentado en su propia inseguridad e inferioridad.* Debemos dejar de juzgar las intenciones de las personas y las de Dios, si deseamos caminar libres de la inseguridad y la inferioridad. Este es el pecado que creo que Jesús estaba abordando en este pasaje de Mateo.

> No juzguéis, para que no seáis juzgados. Porque con el juicio con que juzgáis, seréis juzgados, y con la medida con que medís, os será medido. ¿Y por qué miras la paja que está en el ojo de tu hermano, y no echas de ver la viga que está en tu propio ojo? ¿O cómo dirás a tu hermano: Déjame sacar la paja de tu ojo, y he aquí la viga en el ojo tuyo? ¡Hipócrita! saca primero la viga de tu propio ojo, y entonces verás bien para sacar la paja del ojo de tu hermano.
>
> —Mateo 7:1–5

Jesús dijo que no debemos juzgar. ¿De qué tipo de juicio está hablando, porque la Biblia dice que el espiritual juzga todas las cosas (1 Corintios 2:15)? A mucha gente le gusta decir: "Bueno, no me juzgues", o: "No debes juzgarme", cuando en realidad están evitando que uno los desafíe a llevar una vida santa delante de Dios. Dicen: "Jesús nos dice que no juzguemos". Incluso el pagano intentará utilizar la palabra de Dios para callar la predicación de la justicia.

Este no es el juicio del que Jesús está hablando en Mateo 7. No estamos juzgando a la gente cuando predicamos la vida santa. La Biblia ya los ha juzgado. No estamos siendo sentenciosos al simplemente declarar la Palabra de Dios.

La Biblia dice que no cometamos adulterio y debemos predicarlo en todo el mundo. La Biblia dice que debemos perdonar y vivir en santidad. Debemos huir de toda apariencia de mal. La Biblia dice que la homosexualidad es pecado. Llama pecado a la mentira y al engaño. Nos dice que evitemos la inmoralidad y dice que aquellos que se involucren en tales cosas no entrarán en el Reino de los cielos. Levantarnos y decir lo que dice la Biblia no es juzgar a la gente. Es simplemente declarar lo que Dios ya ha dicho que es verdad. Dios es quien ha juzgado al respecto.

De manera que, ¿de qué está hablando Mateo 7? No está hablando acerca de aplicar la Palabra de Dios a las acciones de la gente y determinar si se alinean o no a ella. Está hablando acerca de juzgar las intenciones de las personas. Nadie puede saber verdaderamente la intención del corazón de una persona más que Dios. Podemos decir claramente que alguien que se ha involucrado en un acto pecaminoso con basado en lo que la Palabra de Dios declara que es correcto o incorrecto. Pero no podemos decir con certeza por qué la gente hace lo que hace.

Esta es la trampa en la que continuamos cayendo. Continuamos deseando asignarles intenciones a las acciones de la gente, pero en realidad no las conocemos. Y debido a que continuamos asignándoles motivos a las acciones de la gente, a menudo reaccionamos tomando decisiones que pueden no llamarse pecado en la Biblia, pero que se convierten en pecado porque fueron hechas con el espíritu equivocado.

En Mateo 7, cuando Jesús nos advirtió que no juzguemos, Él nos estaba diciendo que no les asignáramos intenciones a las acciones de la gente, o lo mismo nos harían a nosotros. Aquí estoy abordando el tema del juicio hacia las intenciones de la gente. Hay un lugar para el verdadero discernimiento y hablaremos al respecto en un momento. El problema de atribuirles intenciones a las acciones de las personas es que a causa de que estamos siendo influenciados por la inseguridad y la inferioridad, no podemos ver claramente. Y si no podemos ver apropiadamente, nuestro juicio siempre estará distorsionado. Es por ello que Jesús nos dice que no lo hagamos. No nos compete juzgar el corazón de la gente.

En Mateo 7:3, Jesús hizo una pregunta que deberíamos hacernos. Él dijo: "¿Y por qué miras la paja que está en el ojo de tu hermano, y no echas de ver la viga que está en tu propio ojo?". En otras palabras, ¿por qué estás intentando encontrar el motivo escondido de tu hermano, cuando no estás lidiando con la gran viga de juzgar las intenciones de la gente, por causa de la inseguridad y la inferioridad escondidas en tu propio corazón?

Entonces pregunta en los siguientes versículos: "¿O cómo dirás a tu hermano: Déjame sacar la paja de tu ojo, y he aquí la viga en el ojo tuyo? ¡Hipócrita! saca primero la viga de tu propio ojo, y entonces verás bien para sacar la paja del ojo de tu hermano". Mire eso. Jesús dijo que solamente después de quitar la viga de nuestro propio ojo podremos ver apropiadamente para ayudar a nuestro hermano. Mientras seamos conducidos por la inseguridad y la inferioridad, no podemos discernir correctamente lo que sucede en la vida de alguien más. La inseguridad y la inferioridad en nuestro corazón provocarán que juzguemos las intenciones de otras personas, lo cual distorsionará nuestra perspectiva de todo.

Podemos preguntarnos cómo saber la diferencia entre juzgar y discernir lo que sucede en la vida de una persona. Aquí hay una manera. Si su supuesto discernimiento produce sentimientos de dolor, de herida o de temor, o un deseo de autoprotección y supervivencia en usted, entonces está operando por egoísmo y no por amor. Solamente podemos ver apropiadamente, discernir apropiadamente y lidiar apropiadamente con las situaciones de la vida de otras personas a través del amor ágape. Si no, estamos operando por nuestra propia inseguridad e inferioridad.

Retroceda y observe si los conflictos que está teniendo en sus relaciones se deben al hecho de que ha juzgado las intenciones de otra persona. Sea honesto consigo mismo. Si lo ha hecho, arrepiéntase por haberse sentado en el trono del juicio. Pídale a Dios que lo limpie de toda falsa percepción que pudo haber desarrollado, de manera que vea a esa persona como Él la ve. Cuando comience a examinarse, es probable que se sorprenda de que ha juzgado erróneamente a la gente. Pídale a Dios que lo llene con el amor de Cristo para esas personas, sin importar lo que hayan hecho.

Para obtener la victoria sobre la inseguridad y la inferioridad realmente, nosotros debemos de quebrantar los dos grandes muros que rodean a estos dos espíritus demoníacos. Estos muros evitan que realmente lidiemos con la raíz de los problemas y seamos libres. El primero es el que acabamos de abordar: atribuirles intenciones a las acciones de las personas, como si juzgáramos sus corazones. El segundo muro es el que Satanás utiliza para fortalecer a los espíritus de inseguridad y de inferioridad. Tiene un nombre muy común: temor.

13
LOS MUROS DE TEMOR

Porque no nos ha dado Dios espíritu de cobardía, sino
de poder, de amor y de dominio propio.

2 TIMOTEO 1:7

CUANDO COMENZAMOS A comprender la manera en que les asignamos intenciones falsas a las acciones de la gente y utilizamos los juicios que hacemos contra ellos para justificar nuestro comportamiento incorrecto, podemos comenzar a conducirnos por el camino que nos lleva a ser verdaderamente libres de la inseguridad y la inferioridad. Pero todavía enfrentamos a otro enemigo importante que trabaja para evitar que vayamos a lo profundo y cortemos la raíz de estos dos espíritus demoníacos.

Este enemigo ataca, atormenta e influye en probablemente nueve de cada diez cristianos. Opera construyendo un muro tan fuerte que evita que la verdad penetre en lo profundo de la persona para liberarse verdaderamente del poder de la inseguridad y la inferioridad. El enemigo del que estoy hablando es el espíritu de temor.

En el capítulo anterior le hablé acerca de la fuente del discernimiento de algunos cristianos. Este es un concepto importante que usted debe comprender. *Lo que la mayoría de cristianos llaman discernimiento no es nada más que un juicio*

basado en el temor de las intenciones de otras personas, que está
cimentado en su propia inseguridad e inferioridad. Este juicio de
las intenciones de otras personas está basado en el temor. Con
el fin de comprender mejor la manera en que Satanás utiliza el
temor para fortalecer a los espíritus de inseguridad y de inferioridad debemos regresar al huerto de Edén.

> Y oyeron la voz de Jehová Dios que se paseaba en
> el huerto, al aire del día; y el hombre y su mujer se
> escondieron de la presencia de Jehová Dios entre
> los árboles del huerto. Mas Jehová Dios llamó
> al hombre, y le dijo: ¿Dónde estás tú? Y él res-
> pondió: Oí tu voz en el huerto, y tuve miedo,
> porque estaba desnudo; y me escondí.
> —GÉNESIS 3:8–10

Después de que Adán y Eva pecaron y se dieron cuenta de
que estaban desnudos, ellos escucharon el sonido de la voz del
Señor Dios por el huerto e inmediatamente reaccionaron en
temor. En lugar de correr a Él como solían hacerlo, ellos se
escondieron de la presencia del Señor entre los árboles. Las
acciones de Adán y de Eva revelaron una verdad importante
que nosotros debemos aprender: *el temor provoca que nos ale-*
jemos de la presencia de Dios.

Adán le dijo a Dios que tenía miedo, porque ahora estaba
expuesto y por ende se había escondido de Dios. Adán y Eva
siempre habían estado físicamente desnudos, pero la presencia de Dios reveló su condición espiritual. Eran pecadores y no tenían a dónde huir de un Dios santo. Cuando
Adán y Eva comenzaron a ver su verdadero estado espiritual,
el temor inundó su corazón. El temor siempre trae consigo
sentimientos de juicio y de pérdida, y el temor representa lo

opuesto a la naturaleza de Dios. Primera de Juan 4:18 dice: "En el amor no hay temor, sino que el perfecto amor echa fuera el temor; porque el temor lleva en sí castigo. De donde el que teme, no ha sido perfeccionado en el amor".

El temor se convierte en una fortaleza en nuestra vida, porque se arraiga en nuestro deseo de protegernos de algún juicio, castigo, dolor o sufrimiento potencial. El temor provocará que nos escondamos. Provocará que neguemos la verdad. Provocará que escapemos de la presencia misma de Dios. El temor nos robará nuestro destino y no debemos tolerarlo de ninguna manera. Debe ser destruido.

El temor se sujeta muy fácilmente a la persona que está operando bajo la influencia de la inseguridad y la inferioridad. Estos espíritus demoníacos le dan entrada al temor a nuestra vida y le dan poder para atormentarnos. El temor entonces trabaja para evitar que estos espíritus demoníacos sean expuestos y finalmente echados fuera.

Segunda de Timoteo 1:7 dice: "Porque no nos ha dado Dios espíritu de cobardía, sino de poder, de amor y de dominio propio". Dios no nos ha dado un espíritu de temor y tampoco desea que operemos bajo ninguna influencia de temor. El temor nos impide ver la verdad. Nos lleva en una dirección completamente opuesta a Dios. Debemos adquirir una revelación de la gravedad, el peligro y la pecaminosidad de permitir que el temor opere en cualquier área de nuestra vida. No hay manera de ser verdaderamente libres del sucio secreto de Satanás (los espíritus de inseguridad y de inferioridad), hasta que quebrantemos las barricadas de temor que aíslan a esas dos fortalezas.

Para poder quebrantar esta barricada de temor debemos atacarla desde dos frentes. Primero, debemos reconocer lo que es el temor en realidad: es un pecado que Dios ha ordenado claramente que resistamos. Y en segundo lugar, debemos conocer las armas que Dios nos ha dado para quebrantar el poder del temor en nuestra vida.

Dios ha prometido que podemos liberarnos verdaderamente del temor, pero debemos arrepentirnos de este pecado. Puede usted decir: "Pastor Steve, es un poco duro llamarle pecado al temor". Pero reconocer al temor como pecado es el primer paso hacia el avance. Debemos leer en 2 Timoteo 1:7 que Dios no nos ha dado un espíritu de temor. Esta es solamente una de las advertencias que Dios nos hace acerca del temor.

La Biblia dice en Apocalipsis 21:8 que: "Pero los cobardes e incrédulos, los abominables y homicidas, los fornicarios y hechiceros, los idólatras y todos los mentirosos tendrán su parte en el lago que arde con fuego y azufre, que es la muerte segunda". Dios dice que el lago que arde con fuego está reservado para los homicidas, los hechiceros los mentirosos, los idólatras y los fornicarios, pero el primer grupo de la lista son los miedosos. La palabra *miedoso* aquí significa cobarde.[1] Es la misma palabra utilizada en Mateo 8:26, cuando Jesús le habló a los vientos y al mar, y cambió la tormenta. Él les dijo a sus discípulos: "¿Por qué teméis, hombres de poca fe?". El lago de fuego no solamente está reservado para los que se acobarden frente a la persecución, sino también para aquellos que vacilen de la obediencia radical a Dios por causa del temor.

Las Escrituras mencionan en repetidas veces que Dios le ordenó a su pueblo que no temiera.

> Y Jehová va delante de ti; él estará contigo, no te dejará, ni te desamparará; no temas ni te intimides.
>
> —Deuteronomio 31:8

> Mira que te mando que te esfuerces y seas
> valiente; no temas ni desmayes, porque Jehová tu
> Dios estará contigo en dondequiera que vayas.
>
> —Josué 1:9

> No temas delante de ellos, porque contigo estoy
> para librarte, dice Jehová.
>
> —Jeremías 1:8

Cuando Dios abordó el tema del temor, Él le ordenó a su pueblo que no temiera. Esta no es solamente una palabra de ánimo o una sugerencia del Altísimo. Es un mandamiento absoluto de escapar, evitar y resistir a este espíritu demoníaco llamado temor.

De manera que, ¿por qué Dios es tan categórico con respecto al temor? ¿Por qué nos ha ordenado escapar de él y por qué reservó un juicio tan espantoso para aquellos que son controlados por este espíritu? Para responder esas preguntas, debemos examinar la naturaleza del temor mismo.

UNA PRISIÓN AUTOIMPUESTA

El temor opera al hacer que la gente ponga atención en sí misma. Provoca que la persona se concentre en su supervivencia y rechace todo lo que amenaza sus intereses. Esto es totalmente contrario al mensaje completo del evangelio.

> Y decía a todos: Si alguno quiere venir en pos
> de mí, niéguese a sí mismo, tome su cruz cada
> día, y sígame. Porque todo el que quiera salvar su
> vida, la perderá; y todo el que pierda su vida por
> causa de mí, éste la salvará. Pues ¿qué aprovecha

al hombre, si gana todo el mundo, y se destruye o
se pierde a sí mismo? Porque el que se avergonzare
de mí y de mis palabras, de éste se avergonzará el
Hijo del Hombre cuando venga en su gloria, y en
la del Padre, y de los santos ángeles.

—Lucas 9:23–26

El evangelio se trata acerca de negarse a sí mismo, mientras que la esencia del temor es la supervivencia. Jesús nos dijo
que tomáramos nuestra cruz y lo siguiéramos (Lucas 9:23),
pero el temor nos dice que llevemos a cabo lo que sea para
nuestro beneficio. El temor es un espíritu demoníaco poderoso, porque nos concentra tanto en nuestra supervivencia
que dejamos de pensar práctica y racionalmente; en cambio,
comenzamos a operar en un estado de completa carnalidad.
Cuando operamos en temor, solamente pensamos en nosotros
mismos.

Debido a que el temor se trata acerca de la supervivencia,
este provoca que nos escondamos y alejemos todo lo que percibimos como amenaza. Nos determinamos a protegernos y
construimos muros de defensa. Estos muros afectan nuestras
relaciones con la gente que nos rodea y con Dios. Y se convierte en el filtro por el que percibimos todo.

En el capítulo anterior observamos que juzgar a las personas basados en las falsas suposiciones acerca de sus intenciones evita que veamos claramente. El temor nos hace
concentrarnos tanto en nosotros mismos que terminamos en
una posición en la que no podemos ver la verdad con claridad.
Es por ello que Dios no puede separarse de la verdad y Dios
es amor. Por lo tanto, toda la verdad debe funcionar a partir
del amor y nada que no pase por el filtro del amor puede pre-
sentar la verdad con exactitud.

Construimos estos muros de defensa pensando que nos protegerán, pero en realidad no funcionan para evitar que sucedan cosas malas. En cambio nos roban la comunión con Dios y con los demás creyentes al provocar que nos alejemos, y, además, bloquean el plan, el propósito y la voluntad de Dios para nuestra vida. Finalmente, los muros que construimos por temor para protegernos se convierten en una prisión que nos atrapa. Oro por que usted permita que entre en su espíritu esta verdad: *Los muros que construimos por temor para protegernos se convertirán en la prisión que nos atrapa.*

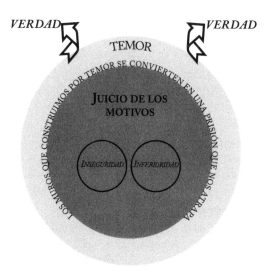

El temor nos miente. Nos dice que si no nos sometemos a él, no estaremos a salvo. Pero la intención del temor es esclavizarnos y mantenernos encerrados dentro de esos muros. Mientras está leyendo estas palabras sé que usted las está sintiendo vivificadas en su espíritu. El Espíritu Santo está resaltando áreas de su vida y de sus relaciones en las que está operando en temor, lugares en los que ha edificado muros en un intento por protegerse, solamente para darse cuenta de que esos muros se han convertido en su propia prisión.

He visto esto muy a menudo en la vida de la gente. En la Upper Room Church, de donde soy el pastor principal, vi estos muros en muchas personas que llegaban a la iglesia. Algunas de ellas habían pasado por tragedias, abusos y fracasos personales horribles; otros habían experimentado grandes desilusiones, penas y heridas en las iglesias anteriores.

Ellos llegaban a la iglesia y les encantaba la adoración, aceptaban la poderosa revelación de la Palabra de Dios y se emocionaban de ver al Espíritu Santo moverse tan libremente entre nosotros. Pero siempre tenían un muro levantado. Siempre se mostraban un poco escépticos acerca de lo que Dios hacía en la Upper Room Church, de manera que dudaban en entrar por completo en el mover de Dios. El temor les decía: "No confíes en el pastor Steve. Los predicadores te han herido antes. Has escuchado una buena charla antes. No confíes, porque eso te hará demasiado vulnerable y serás lastimado de nuevo".

El problema es que la única manera en que habrían podido recibir completamente del poderoso mover del Espíritu Santo que nuestra iglesia estaba experimentando era por medio de abrir su corazón, someterse al liderazgo, seguir la dirección del Espíritu Santo y rendirse completamente a Dios. He visto a mucha gente estar en el borde del mover de Dios, pero no sumergirse en él, porque continúan escuchando al temor.

Muchas de estas personas asistían a la iglesia durante meses y recibían un poderoso toque del Señor. Yo pasaba tiempo con ellas y les derramaba mi amor. Les abría mi vida y mi casa, con el fin de mostrarles la realidad de mi compromiso con

Cristo. Estoy determinado a vivir el evangelio en privado así como lo hago en público. Estos miembros de la iglesia que se encontraban atados por el temor podían ver integridad y honestidad en mi estilo de vida, y a menudo los escuchaba haciendo comentarios acerca de cuán maravilloso era estar en una iglesia donde el liderazgo era tan transparente y apasionado por tener una vida santa delante de Dios.

El temor, sin embargo, comenzaba a tomarlos de nuevo. Si yo utilizaba una frase que un expastor solía utilizar o hacía un gesto que les recordaba algo que había pasado en su iglesia anterior, el temor lo hacía estallar y lo hacía parecer como una enorme amenaza. Acto seguido, esos miembros de la iglesia me enviaban cartas explicándome que abandonaban la iglesia, porque sentían que no podían confiar en mí. Decían que yo los rechazaba o que no apreciaba lo que ellos podían ofrecer.

La inseguridad y la inferioridad estaban gritándoles, así que estas personas preciosas se escondían en sus muros de protección pensando que estarían a salvo. Pero esos muros que ellos habían construido por temor, los apartaba de lo que Dios deseaba hacer en su vida a través de la iglesia y de las relaciones de Dios que habían hecho ahí. Esos muros estaban llevando a cabo exactamente lo que el temor deseaba: provocando que estas personas queridas vivieran en una prisión construida por ellos mismos.

Con frecuencia paso horas dándoles consejería a estas personas y hablando a detalle acerca de las mentiras que inundaron su mente con el fin de traerlas de regreso a la verdad y a la realidad. Casi siempre, las personas comprenden lo que digo, se arrepienten y se involucran en la obra de Dios otra vez. Pero si la persona no trata con la raíz del temor, este se entremete de nuevo en unos cuantos meses. La persona experimenta algo que nuevamente lo hace sentirse rechazado e inseguro, y otra vez se esconde tras los muros de la prisión de sus propios temores.

La fe contraria

He observado que el temor les ha robado a más cristianos el potencial de su ministerio que la inmoralidad. Yo soy un predicador que habla firmemente de la santidad. Sin embargo, aunque la inmoralidad esté tan extendida, no creo que haya hecho tanto daño dentro de la iglesia como lo ha hecho el pecado del temor.

El pecado del temor es lo que provocó que Pedro negara a Jesús (Marcos 14:66–72). El pecado del temor es lo que provocó que Juan desertara del viaje misionero con el apóstol Pablo (Hechos 13:13; 15:36–41). El pecado del temor es lo que provocó que David pecara contra Dios al hacer el censo en Israel antes de la batalla (1 Crónicas 21:1–7). El pecado del temor es lo que provocó que Abraham mintiera y dijera que su esposa en realidad era su hermana, poniéndola en peligro de ser violada por el líder de Egipto (Génesis 12:10–20).

El temor del pecado provoca que el pueblo de Dios se reserve en la adoración, guarde sus diezmos y ofrendas, rechace la autoridad espiritual de Dios al deshonrar al liderazgo que estableció en la iglesia, rompa las relaciones, se divorcie, no pueda evangelizar y se niegue a defender valientemente el evangelio de Jesucristo. El pecado del temor evita que la gente ore por los enfermos, eche fuera demonios y que defienda la justicia en un mundo tan torcido por la maldad.

El pecado del temor ha provocado que muchos pastores diluyan el mensaje del evangelio con el fin de conservar una gran audiencia. Se niegan a utilizar la palabra *arrepentimiento* y no le exigen a la gente que se aleje de la maldad de su pecado, porque creen en la mentira de que nuestra sociedad en la actualidad no aceptará un mensaje tan fuerte. Estos líderes del ministerio están tan atados por el temor del hombre, el cual está cimentado en su deseo de adquirir una sensación de valor y de identidad a través del tamaño de su congregación, que finalmente rechazan el mensaje que Jesús les mandó a compartir. Diluyen los estándares de santidad de Dios, menosprecian el llamado a apartarnos del mundo, no pueden enseñar patrones de rectitud e intentan crear una atmósfera en la iglesia tan cómoda para los pecadores, desprovista de todo poder real para convencer.

Eso no es lo que Dios desea para su Iglesia. "Porque no nos ha dado Dios espíritu de cobardía, sino de poder, de amor y de dominio propio" (2 Timoteo 1:7). El temor es nuestro más grande enemigo. Es un enemigo que puede destruir literalmente nuestra relación con Dios. Debemos verlo como algo que tenemos que destruir en nuestras vidas.

Para vencer al temor debemos comprender su naturaleza y las armas que Dios nos ha dado para pelear contra él. Estoy seguro de que ha escuchado que los predicadores dicen que el temor es lo opuesto a la fe. Deseo poner en tela de juicio esa enseñanza. El temor no es lo opuesto a la fe. La duda es lo opuesto a la fe. Podemos ver esta revelación en el relato de Jesús caminando sobre las aguas.

> Mas a la cuarta vigilia de la noche, Jesús vino a ellos andando sobre el mar. Y los discípulos, viéndole andar sobre el mar, se turbaron, diciendo: ¡Un fantasma! Y dieron voces de miedo. Pero en seguida Jesús les habló, diciendo: ¡Tened ánimo; yo soy, no temáis!
>
> —MATEO 14:25–27

En esta historia vemos los tres elementos en acción. Vemos el temor, vemos la duda y vemos el comentario de Jesús acerca de la fe. Cuando los discípulos vieron a Jesús caminando sobre las aguas, ellos gritaron de miedo. Jesús les habló y les dijo que tuvieran buen ánimo. La frase *tened ánimo* significa literalmente "tener valor".[2] Jesús dijo: ¡Yo soy, no temáis! Pedro, envalentonado por la palabra de Jesús, dijo entonces:

> Entonces le respondió Pedro, y dijo: Señor, si eres tú, manda que yo vaya a ti sobre las aguas. Y él dijo: Ven. Y descendiendo Pedro de la barca, andaba sobre las aguas para ir a Jesús. Pero al ver el fuerte viento, tuvo miedo; y comenzando a hundirse, dio voces, diciendo: ¡Señor, sálvame! Al momento Jesús, extendiendo la mano, asió de él, y le dijo: ¡Hombre de poca fe! ¿Por qué dudaste? Y cuando ellos subieron en la barca, se calmó el viento.
>
> —Mateo 14:28–32

Pedro salió de la barca, pero entonces vio que la situación era peligrosa. Sintió temor y comenzó a hundirse. Aquí es donde la gente se confunde acerca de la diferencia entre la fe, la duda y el temor. Creen que el temor fue la reacción opuesta a la fe que Pedro debió haber tenido en Jesús cuando Él le ordenó que se acercara. El temor de Pedro, sin embargo, fue el resultado de la duda.

Jesús le respondió a Pedro diciendo: "¡Hombre de poca fe! ¿Por qué dudaste?". Jesús dijo: "¿Por qué dudaste?", porque la duda es lo opuesto a la fe. Cuando Pedro comenzó a dudar de la seguridad, la confiabilidad y del efecto duradero de la orden de Jesús, él miró sus circunstancias y pensó que su vida estaba en peligro. Fue entonces cuando entró el temor. Cuando Pedro dudó de la Palabra de Dios y dejó de confiar en la capacidad de Jesús de protegerlo, él se llenó de temor.

El temor *se trata acerca de la supervivencia*. Espero que eso lo establezca en lo profundo de su espíritu. Dios nos ordena que no temamos, debido a que el temor se trata acerca de la supervivencia. La naturaleza del temor es completamente opuesta a la naturaleza de Dios.

Como lo dijimos anteriormente: "En el amor no hay temor, sino que el perfecto amor echa fuera el temor; porque el temor lleva en sí castigo. De donde el que teme, no ha sido perfeccionado en el amor" (1 Juan 4:18). El temor y el amor no pueden coexistir. En este versículo, Juan está diciendo que no hay temor en el amor ágape. La naturaleza del amor literalmente echa fuera el temor. Él lo explica diciendo que el temor lleva en sí castigo.

La persona que teme está concentrada en sí misma. El amor ágape se trata acerca de la abnegación. Es una elección. El amor ágape es un acto deliberado de la voluntad para llevar a cabo aquello que beneficia a otra persona, a pesar de las consecuencias personales. El temor, por otro lado, mantendrá a la persona concentrada en su interior y la cegará hacia las cosas de Dios. Vayamos de nuevo a la historia de Mateo.

> Mas a la cuarta vigilia de la noche, Jesús vino a ellos andando sobre el mar. Y los discípulos, viéndole andar sobre el mar, se turbaron, diciendo: ¡Un fantasma! Y dieron voces de miedo. Pero en seguida Jesús les habló, diciendo: ¡Tened ánimo; yo soy, no temáis!
>
> —MATEO 14:25–27

Aquí está Jesús caminando sobre las aguas. ¿Por qué no pudieron reconocerlo los discípulos? Acababan de estar con Él y ver asombrosos milagros. ¿Por qué pensaron que era un fantasma? El temor les impidió reconocer a Jesús, de manera que no pudieron ver quién se acercaba a ellos. Esto es exactamente lo que nos sucede a muchos de nosotros cuando Jesús viene para tratar con un área de nuestra vida que nos hace sentir inseguros e inferiores.

El temor evitará que veamos que Jesús es quien se está acercando a nosotros. Es por ello que tenemos que tratar con el temor, antes de poder destruir el poder de la inseguridad y la inferioridad en nuestra vida. Jesús primero tuvo que tratar con la raíz del temor cuando ministró a sus nerviosos discípulos en Mateo 14. Él les dijo: "¡Tened ánimo; yo soy, no temáis!" (v. 27).

Jesús estaba diciendo: "¡Tened ánimo! Yo soy". Es lo mismo que va a decirle en los siguientes capítulos: "¡Tened ánimo! Yo soy. No tema cuando me acerque en la noche a los lugares oscuros de su corazón. Deseo acercarme y traer paz a la agitación de su ser. *No tema*".

Jesús nos dio el arma más poderosa contra el temor: el amor ágape. Este amor es sobrenatural. Nos lo da el Espíritu Santo y es el elemento que cambió todo para los discípulos. Solamente el amor ágape tiene la capacidad de echar fuera el temor y de llevarlo a usted a la verdadera libertad. Los muros del temor que hemos construido en un intento por protegernos, deben ser destruidos y esto sucederá solamente si obtenemos una verdadera revelación del poder del amor ágape.

14

EL PODER DEL AMOR ÁGAPE

En el amor no hay temor, sino que el perfecto amor echa fuera el temor.

1 JUAN 4:18

COMO APRENDIMOS EN el capítulo anterior, el temor formará una barrera en nuestra vida que nos impedirá escuchar la verdad de la Palabra de Dios y permitir que entre hasta lo profundo de nuestro corazón y nos haga libres de la inseguridad y la inferioridad. Si permitimos que tenga rienda suelta, el temor hará que nos alejemos de Dios y de nuestro compromiso con Él. Y debido a que nos impide ver el poder de la verdad, nos llevará a la desobediencia.

Dios, sin embargo, nos ha dado un arma. Primera de Juan 4:18 nos dice que el amor ágape echa fuera el temor. En este capítulo examinaremos la asombrosa arma que Dios nos dio para conquistar el temor al observar el gran fracaso de un hombre al que Jesús había previamente alabado por su gran fe. Pedro caminó sobre las aguas y Jesús lo llamó la "roca" sobre la cual edificaría su iglesia. Pero incluso este discípulo cayó presa del espíritu de temor cuando tomó la devastadora decisión de negar a Jesús, no una, sino tres veces.

Pedro cometió esta increíble falta por el deseo de protegerse. A través de cada paso de la negación de Pedro, desde el huerto de Getsemaní hasta el templo, vemos en acción la inseguridad y la inferioridad detrás del muro del temor. Esta historia también revela la asombrosa manera en que Jesús expuso el problema de Pedro y lo llevó a la verdadera libertad. Pero primero, regresemos a los eventos que llevaron al arresto de Jesús y permitamos que la verdad irrumpa en nuestra vida.

> Entonces Jesús les dijo: Todos vosotros os escandalizaréis de mí esta noche; porque escrito está: Heriré al pastor, y las ovejas del rebaño serán dispersadas. Pero después que haya resucitado, iré delante de vosotros a Galilea. Respondiendo Pedro, le dijo: *Aunque todos se escandalicen de ti, yo nunca me escandalizaré.* Jesús le dijo: *De cierto te digo que esta noche, antes que el gallo cante, me negarás tres veces.* Pedro le dijo: *Aunque me sea necesario morir contigo, no te negaré.* Y todos los discípulos dijeron lo mismo.
> —Mateo 26:31–35, énfasis añadido

Usted se dará cuenta a menudo de que la gente que hace las afirmaciones más presuntuosas son quienes más luchan con la inseguridad y la inferioridad. Pedro estaba seguro de que no negaría a Cristo. Él estaba muy seguro de ser más fuerte que el resto. La verdad es que Pedro utilizó su descarada y jactanciosa personalidad para esconder sus temores y su inseguridad. El orgullo de Pedro estaba enmascarando su temor.

El temor no apareció solamente. Pedro siempre había tenido un problema con el temor que impedía que la verdad de las palabras de Jesús irrumpieran. Piénselo. Pedro vio a Jesús cumplir profecía tras profecía. Él vio a Jesús sanar a los enfermos, echar fuera demonios y alimentar a miles de personas con dos peces y cinco panes. Pedro conocía el historial de Jesús. Sin embargo, cuando Jesús le dijo que lo negaría tres veces, Pedro respondió diciendo: "Aunque me sea necesario morir contigo, no te negaré".

La verdad que Jesús dijo no podía penetrar en él por causa del muro de temor que Pedro había construido alrededor de su corazón. Dios sabía esto de Pedro, por lo que le permitió experimentar una prueba tan vergonzosa. Cuando Pedro, el grande, fuerte y musculoso, fue confrontado por una criada en el patio del sumo sacerdote, se acobardó con temor. Se sintió tan intimidado cuando una criada lo acusó de ser uno de los discípulos de Jesús, que Pedro negó al Señor; horas después de haber declarado que jamás haría tal cosa. Y antes de que terminara la noche, Pedro negó a Jesús dos veces más.

> Pedro estaba sentado fuera en el patio; y se le acercó una criada, diciendo: Tú también estabas con Jesús el galileo. Mas él negó delante de todos, diciendo: No sé lo que dices. Saliendo él a la puerta, le vio otra, y dijo a los que estaban allí: También éste estaba con Jesús el nazareno. Pero él negó otra vez con juramento: No conozco al hombre. Un poco después, acercándose los que por allí estaban, dijeron a Pedro: Verdaderamente también tú eres de ellos, porque aun tu manera de hablar te descubre. Entonces él comenzó a maldecir, y a jurar: No conozco al hombre. Y en seguida cantó el gallo. Entonces Pedro se acordó de las palabras de Jesús, que le había dicho: Antes que cante el gallo, me negarás tres veces. Y saliendo fuera, lloró amargamente.
>
> —Mateo 26:69–75

La manifestación del temor de Pedro fue tan fuerte que incluso comenzó a maldecir. De pronto, Pedro estaba completamente expuesto. Ahora había sido puesto al descubierto delante de todos. Pedro probablemente no se sentía como una roca en ese momento. Pero después de la resurrección de Cristo, Jesús se acercó a Pedro e inició una conversación que muchos predicadores llaman "la restauración de Pedro".

> Cuando hubieron comido, Jesús dijo a Simón Pedro: Simón, hijo de Jonás, ¿me amas más que éstos? Le respondió: Sí, Señor; tú sabes que te amo. El le dijo: Apacienta mis corderos. Volvió a decirle la segunda vez: Simón, hijo de Jonás, ¿me amas? Pedro le respondió: Sí, Señor; tú sabes que te amo. Le dijo: Pastorea mis ovejas. Le dijo la tercera vez: Simón, hijo de Jonás, ¿me amas? Pedro se entristeció de que le dijese la tercera vez: ¿Me amas? y le respondió: Señor, tú lo sabes todo; tú sabes que te amo. Jesús le dijo: Apacienta mis ovejas.
>
> —Juan 21:15–17

Muchos ministros aseguran que debido a que Pedro negó al Señor tres veces, Jesús le preguntó tres veces si lo amaba, con el fin de reconciliar a Pedro con Él mismo y renovar su comisión en el ministerio. Estamos a punto de descubrir que eso *no* es lo que sucedió. Este discurso *no* fue la manera en que Jesús restauró a Pedro, sino de exponer totalmente lo que le faltaba a Pedro. Con el fin de comprender lo que realmente sucedió aquí, debemos examinar el significado de las palabras griegas utilizadas en este pasaje.

> Cuando hubieron comido, Jesús dijo a Simón Pedro: Simón, hijo de Jonás, ¿me amas más que éstos? Le respondió: Sí, Señor; tú sabes que te amo. El le dijo: Apacienta mis corderos.
>
> —JUAN 21:15

La palabra *amor* de la pregunta de Jesús en este versículo viene de la palabra griega *agapao*, la cual proviene de la raíz *agape*. Ágape es un amor sobrenatural. Es el amor de Dios.[1] Es importante observar esto, porque Pedro le responde a Jesús diciendo: "Sí, Señor; tú sabes que te amo". Pero pedro no dijo que amaba a Jesús con amor *ágape*, dijo que amaba a Jesús con amor *fileo*. *Phileo* es otra palabra griega para amor, pero se refiere al amor fraternal o a la profunda emoción o afecto humanos por alguien más.[2] Jesús le preguntó a Pedro: "¿Sientes el amor de Dios por mí?". Y Pedro le respondió diciendo: "Te amo con un amor fraternal".

Jesús entonces le preguntó una segunda vez: "Simón, hijo de Jonás, ¿me amas *(ágape)*? Pedro le respondió de nuevo diciendo: Sí, Señor; tú sabes que te amo *(fileo)*. Ahora Jesús le había preguntado dos veces si lo amaba con amor *ágape* y Pedro había respondido dos veces diciendo que sentía amor *fileo* por Él. Entonces Jesús mostró la verdad con su tercera pregunta.

Jesús le dijo a Pedro la tercera vez: "Simón, hijo de Jonás, ¿me amas *(fileo)*?". La tercera vez, Jesús cambió la pregunta. Bajó el estándar del amor ágape de Dios a un amor meramente humano, *fileo,* de esta manera exponiendo lo que le faltaba a Pedro. Pedro se entristeció, porque ahora comprendía por completo lo que Jesús le estaba preguntando y sabía que estaba completamente expuesto.

Juan 21:17 dice: "Pedro se entristeció de que le dijese la

tercera vez: ¿Me amas *(fileo)*? y le respondió: Señor, tú lo sabes todo; tú sabes que te amo *(fileo)*". Pedro estaba diciendo: "Señor, sabes que no te amo con amor ágape. Solamente siento un afecto humano y fraternal por ti".

Una inmersión de amor ágape

El amor ágape de Dios no puede ser imitado. Es un amor sobrenatural. *No* es una emoción. Jesús dijo: "Nadie tiene mayor amor que este, que uno ponga su vida por sus amigos" (Juan 15:13). Lo que Jesús le estaba enseñando a Pedro es que le faltaba el elemento clave que necesitaba para cumplir su destino.

Pedro caminó con Jesús. Habló con Jesús. Vio los milagros que Jesús llevó a cabo. Escuchó su asombrosa enseñanza. Pedro mismo también caminó en milagros. Sin embargo, nada de esto fue suficiente para evitar que Pedro negara al Señor. Todas estas experiencias, todas las palabras que escuchó predicadas y las señales sobrenaturales que vio, no pudieron traspasar las barreras de temor de su vida y aniquilar las raíces de inseguridad y de inferioridad.

Después de que Jesús expusiera lo que le faltaba a Pedro, le dijo que necesitaba algo. Jesús le ordenó a Pedro que esperara en Jerusalén a que el Padre le enviara lo que le había prometido. Él junto con el resto de los primeros discípulos debían esperar el encuentro sobrenatural con el Espíritu Santo. Jesús sabía que esa experiencia le daría a Pedro lo que le faltaba y le permitiría convertirse en el poderoso hombre de Dios que Dios siempre había deseado que fuera.

Pedro no lo comprendió por completo. Él solamente sabía lo que Jesús había dicho inmediatamente antes de ascender al cielo: "Pero recibiréis poder, cuando haya venido sobre vosotros el Espíritu Santo, y me seréis testigos en Jerusalén, en toda Judea, en Samaria, y hasta lo último de la tierra" (Hechos 1:8).

Jesús deseaba que los discípulos esperaran en Jerusalén hasta recibir lo que llamamos el bautismo del Espíritu Santo. Él dijo que recibirían poder, un poder sobrenatural que los capacitaría para ser sus testigos. Lamentablemente, en muchas partes de la comunidad llena del Espíritu hemos enseñado predominantemente acerca de la manifestación de hablar en lenguas como la evidencia de que una persona ha recibido el bautismo del Espíritu Santo.

Aunque hablar en lenguas sea un don sobrenatural asombroso, no es la evidencia principal que Jesús deseaba que mostraran sus seguidores. En Hechos 1:8, Jesús les dijo a sus discípulos que recibirían un poder sobrenatural de milagros cuando el Espíritu Santo viniera sobre ellos y que ese poder los capacitaría para ser sus testigos. La palabra *testigo* proviene de la palabra griega *martus*, que también e traduce como "mártir".[3] Un mártir es aquel que ha dado su vida por una causa.

En este versículo, Jesús les estaba diciendo a sus discípulos y a Pedro que necesitarían esperar hasta que recibieran una saturación sobrenatural del poder de su Espíritu, que les daría la capacidad de dar sus vidas por el evangelio. Debían ser bautizados o sumergidos completamente en el Espíritu Santo.

La Biblia declara que Dios es amor. También comprendemos que el Espíritu Santo es Dios por completo. Por lo tanto, el Espíritu Santo también es amor. El Espíritu Santo es ágape. De manera que si una persona es bautizada (sumergida completamente) en el Espíritu Santo, entonces es bautizada o sumergida completamente en el amor ágape. Jesús expuso el problema de Pedro como una falta de amor ágape.

Él le dijo a Pedro que fuera a Jerusalén y esperara recibir la experiencia sobrenatural más increíble que lo sumergiría en el amor ágape.

El verdadero bautismo en el Espíritu Santo se trata acerca de ser completamente sumergido en el amor ágape de Dios. Romanos 5:5 dice: "Y la esperanza no avergüenza; porque el amor de Dios ha sido derramado en nuestros corazones por el Espíritu Santo que nos fue dado". Pablo declara que el amor de Dios ha sido derramado en nuestro corazón por el Espíritu Santo. Este derramamiento por el amor ágape de Dios es la clave para que tengamos el poder de morir a nosotros mismos. Este amor ágape es el arma que Dios nos ha dado para quebrantar las barreras del temor en nuestra vida, con el fin de que la verdad penetre y finalmente nos libere de la esclavitud de la inseguridad y la inferioridad. La siguiente ilustración muestra el proceso en acción.

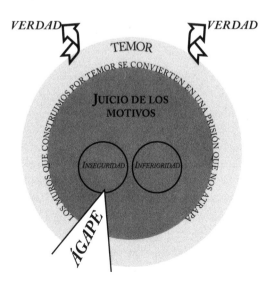

El perfecto amor ágape echa fuera el temor. El amor ágape de Dios es el que quebranta la barrera del temor. Esto es lógico si lo pensamos. El temor se trata acerca de la supervivencia, el amor ágape se trata acerca de la abnegación. El poder de abnegación del amor ágape echa fuera todas las fortalezas de supervivencia construidas por el temor.

Una vez que Pedro tuvo este avance, ya no lo vemos negando al Señor. En el día de Pentecostés, él se levantó delante del mismo tipo de gente del que se acobardó antes y declaró valientemente el evangelio de Jesucristo (Hechos 2:14–17). Con el fin de que alcancemos el punto en que la verdad pueda penetrar en nuestro corazón y liberarnos del poder de la inseguridad y la inferioridad, debemos experimentar el amor ágape de Dios que derriba los muros del temor.

No basta con simplemente citar versículos acerca del amor de Dios, creer en el amor de Dios o incluso confesar que Dios nos ama. Debemos tener una experiencia con el amor ágape sobrenatural de Dios. Esta fue una piedra angular en las enseñanzas de las epístolas del apóstol Pablo. En su carta a los Efesios, Pablo oró por que conocieran el amor ágape de Dios:

> Para que habite Cristo por la fe en vuestros corazones, a fin de que, arraigados y cimentados en amor, seáis plenamente capaces de comprender con todos los santos cuál sea la anchura, la longitud, la profundidad y la altura, y de conocer el amor de Cristo, que excede a todo conocimiento, para que seáis llenos de toda la plenitud de Dios.
>
> —Efesios 3:17–19

La oración de Pablo aquí es que podamos conocer el amor ágape de Dios a través de la experiencia de su amor ágape.

Él dice que después de esta experiencia con el amor ágape de Dios seremos llenos de toda la plenitud de Dios. Necesitamos eso en el Cuerpo de Cristo en la actualidad. Necesitamos un toque fresco del amor ágape de Dios y ser llenos de toda la plenitud de Dios. Esto necesita ser el clamor de nuestro corazón y nuestra ferviente oración. Necesitamos llegar valientemente ante Dios y suplicar: "Señor, bautízanos con tu amor ágape".

Al recibir esta experiencia del amor ágape de Dios y al actuar en amor ágape, este crecerá cada vez más en nuestra vida. Todo lo que soltemos, aumentará. Así que entre más elijamos negarnos a nosotros mismos y caminar en el amor ágape, Dios soltará medidas mayores de su amor en nuestra vida.

El temor es lo que impide que recibamos la revelación de las verdades que necesitamos para caminar verdaderamente libres de los espíritus de inseguridad y de inferioridad. Pero Dios nos ha dado un arma sobrenatural poderosa para destruir su poder. Esa arma es el amor ágape de Dios.

Oro ahora mismo por el poder del Espíritu Santo que Dios suelte en su vida nuevos encuentros y nuevas experiencias con su amor ágape. Oro por que estas experiencias lo inunden y que conozca la anchura, la longitud, la profundidad y la altura del amor de Dios y que experimente la plenitud de su amor.

Ahora, por fe, levante sus manos donde esté leyendo este libro y pídale a Dios que le dé una nueva experiencia con su amor ágape. Pídale que simplemente inunde su corazón con su asombroso y poderoso amor. Este es un paso vital para comenzar el proceso para liberarse verdaderamente de los espíritus de inseguridad y de inferioridad. Cuando las barreras del temor comiencen a caer, usted estará listo para recibir el espíritu de sabiduría y de revelación. Eso es lo que finalmente aplastará el poder de la inseguridad y la inferioridad en su vida.

15

ESPÍRITU DE SABIDURÍA Y DE REVELACIÓN

*Por tanto, nosotros todos, mirando a cara descubierta como en
un espejo la gloria del Señor, somos transformados de gloria en
gloria en la misma imagen, como por el Espíritu del Señor.*

2 CORINTIOS 3:18

U NO DE LOS acontecimientos más transformadores de
mi vida sucedió en febrero de 1987. Había sido salvo
meses antes, cuando surgió dentro de mí un deseo
profundo de orar para adquirir la capacidad de llevar a cabo la
obra de Dios de manera sobrenatural. Un espíritu de oración
vino sobre mí durante semanas.

Yo había sido radicalmente salvo el 2 de mayo de 1986 e
instantáneamente liberado de cinco años de drogadicción.
Dios no solamente me liberó de mi adicción, sino que también me quitó el deseo de drogarme. Dos días después de ser
salvo, Dios me habló mientras estaba de rodillas adorándolo y
dijo: "Te he llamado a predicar mi evangelio". Él me mostró
en una visión todos los planes y sueños que tenía para mi vida.
Cuando respondí: "Sí, Señor, lo haré", vi que mis planes se
desvanecían a la distancia y entonces, Dios me bautizó glorio-
samente en el Espíritu Santo.

No me tomó mucho tiempo darme cuenta de que a la
Iglesia le faltaba un elemento que fue clave para mi liberación.

Yo sabía que esta clave se necesitaba desesperantemente para liberar a mi generación. Era el poder sobrenatural de Dios. Aunque el ministerio bajo el que fui salvo se movía bajo el poder, yo sabía que muchas iglesias no lo hacían y vi los resultados negativos de eso. Yo veía un aletargamiento y una debilidad dentro de esas congregaciones. Veía que la gente asistía a la iglesia pero no tenían victoria en su vida.

Yo había estado orando durante semanas, casi hasta el final del año, por que Dios me ungiera para ministrar con poder. Cuando llegó diciembre de 1986, surgió un clamor profundo desde mi interior. Oré: "Dios, ¡debo tener el poder para alcanzar a mi generación!". Comencé a orar durante más de cuatro horas al día. Me estaba enfocando en una cosa: "Dios, dame el poder".

Llegó el año nuevo y un amigo me platicó acerca de un poderoso hombre de Dios que se llamaba Morris Cerullo. Él me dijo que nunca había visto a nadie moverse con un poder similar. Me habló acerca de un congreso internacional que Morris Cerullo llevaba a cabo al principio de cada año. Mi amigo me dijo que la gloria de Dios llenaba todo el hotel y que la gente era llena del Espíritu Santo en su habitación.

Yo estaba tan intrigado que le pregunté a mi amigo si me podía prestar las cintas de una serie del Dr. Morris Cerullo llamada *Los productores de las pruebas*. Mi amigo dudó en prestarme las cintas, porque temía que nunca se las devolviera. Aquellos de ustedes que han "prestado" libros y cintas comprenden esa preocupación. Después de rogarle, me las prestó. Regresé a San Diego y el jueves de la primera semana de enero de 1987, por la mañana, me senté frente a mi tocacintas con mi Biblia abierta, listo para escuchar un buen mensaje.

Cuando el Dr. Cerullo comenzó a predicar, pensé que su voz era muy ronca y que el órgano era molesto. Entonces dijo que viéramos nuestras manos. Dijo: "El éxito futuro de la obra de Dios yace en las manos de aquellos que puedan responder esta pregunta: ¿Qué debemos hacer para llevar a cabo las obras de Dios?".[1]

Quedé enganchado. Mi Biblia se cayó al piso cuando la ola del Espíritu Santo golpeó a la multitud en la cinta. Esa misma ola me golpeó a mí en mi casa. Comencé a clamar al Señor: "¡Necesito tener el poder!". Escuché al Dr. Cerullo predicar durante las siguientes tres horas mientras una ola tras otra del Espíritu me golpeaba, entonces, el Dr. Cerullo continuaba predicando. Clamé con lágrimas en los ojos: "¡Ya está! ¡Ya está!". En lo más profundo de mi ser sabía que este hombre tenía la unción que yo necesitaba.

Terminé las primeras tres horas de cintas y me dirigí a mi habitación para orar durante una hora. Después de la oración salí para seguir escuchando más cintas. Estaba colocando la siguiente cinta en la casetera, cuando Dios me dijo: "Haz tus maletas y ve al Congreso Internacional". Yo no sabía dónde era el congreso, de manera que busqué en la cinta y vi una dirección, llamé para conseguir el número y hablé con alguien del ministerio, cinco minutos antes de que cerraran sus oficinas.

El representante del ministerio me dijo que el congreso había comenzado el martes anterior y que se estaba llevando a cabo en el Hotel Hilton junto a Disneyland en el sur de California, lo cual estaba a dos horas de mi casa. Tomé una bolsa de papel, metí ropa, le escribí una nota a mi compañero de cuarto y me fui a la conferencia con los únicos cincuenta dólares que tenía.

Cuando llegué al congreso, el Dr. Cerullo ya estaba predicando. Me senté en un cuarto adjunto y lo vi en una pantalla gigante. Justo como en las cintas, sentía las olas del Espíritu Santo recorrer el cuarto. Yo estaba abrumado por la presencia manifiesta de Dios mientras el Dr. Cerullo predicaba acerca de la gloria de Dios, la *doxa*.

Una última ola del Espíritu golpeó la reunión. Yo estaba de pie clamando a Dios, cuando sentí que una mano gigante del cielo vino y tocó mi cabeza. Caí inmediatamente, abrumado por la presencia de Dios. Permanecí ahí durante un tiempo. Cuando me levanté, le comenté a otras personas que habían asistido al congreso acerca de mi día. Inmediatamente me ofrecieron sus habitaciones de hotel. Estaba listo para ayunar durante el congreso y dormir en mi coche, porque este era mi avance, pero el Señor tenía otro plan.

Apenas pude dormir aquella noche. Me desperté a las seis treinta la mañana siguiente para bajar al salón de la reunión. Estuve en el pasillo principal desde las 6:30 a.m. hasta las 5:30 p.m. No deseaba perderme de nada. De alguna manera terminé en la primera fila durante el servició vespertino y Jesús nos habló a través del Dr. Cerullo durante tres horas. Sí, pudo haber sido Morris Cerullo quien tenía el micrófono, pero Jesús fue quien nos habló acerca del amor ágape. Estaba boquiabierto en mi asiento, sabiendo que ese hombre tenía una unción que podía cambiar a un mundo entero.

Abrir los ojos de nuestro corazón

Esa noche Dios me llevó a convertirme en socio del ministerio y aprender a los pies de su siervo. Semanas después de convertirme en socio, el ministerio me envió las series de enseñanza del congreso completas del Dr. Cerullo que se titulaban *La unidad en el Espíritu*. Mientras escuchaba las cintas tuve una visión y recibí una unción que cambió mi vida para siempre y continúa cambiándola en la actualidad.

Había una sección en las cintas, en las que el Dr. Cerullo

compartía Efesios 1:17–19 durante siete a diez minutos. Mientras compartía el Dr. Cerullo, algo fue movido en mi interior que tuve que escuchar el segmento una y otra vez. Cada vez que lo escuchaba, la presencia de Dios venía sobre mí. Sabía que había algo más profundo de lo que veía a primera vista. De manera que lo escuché una y otra vez, y oré.

Mi compañero de cuarto llegó a casa alrededor de dos horas después. Intenté decirle lo que estaba experimentando, pero cada vez que intentaba hablar, me sobrecogía y comenzaba a llorar. Intenté decírselo tres veces y la tercera vez pude hacerlo. Cuando intenté explicarle lo que estaba experimentando vi una visión descomunal. Fue tan abrumadora que caí al piso y grité: "¡Lo veo! ¡Lo veo!".

¿Qué vi? Que el Dios de nuestro Señor Jesucristo, el Padre de gloria, desea darnos espíritu de sabiduría y de revelación en el conocimiento de él (Efesios 1:17). La versión Castilian dice: "Constantemente pido a Dios, el glorioso Padre de nuestro Señor Jesucristo, que os dé sabiduría y os revele a Cristo y su obra".

Esta no solamente era la oración del apóstol Pablo. Era la oración del Espíritu Santo, porque toda la Escritura es inspirada por Dios (2 Timoteo 3:16). El Espíritu Santo le dijo a Pablo qué orar. La Biblia nos dice en 2 Pedro 1:20–21 que "entendiendo primero esto, que ninguna profecía de la Escritura es de interpretación privada, porque nunca la profecía fue traída por voluntad humana, sino que los santos hombres de Dios hablaron siendo inspirados por el Espíritu Santo". Esta oración de Efesios 1 era de Dios para la gente más espiritual de los días de Pablo. No era para los bebés cristianos. La iglesia de Éfeso era el grupo más maduro y el libro de Efesios nos da la perspectiva más profunda del propósito de la existencia de la Iglesia.

Pablo hace esta oración del Espíritu Santo para que Dios le dé a este pueblo un espíritu de sabiduría y de revelación. Solamente existe un Espíritu Santo, de manera que este versículo está hablando acerca de una unción, un poder sobrenatural de sabiduría y de revelación de *los misterios y los secretos* en el conocimiento de Él (Efesios 1:17, traducción de la Biblia Amplificada). Vemos claramente en la Escritura que Dios tiene secretos y desea revelárnoslos:

> El que habita *al abrigo del Altísimo* [el lugar secreto] morará bajo la sombra del Omnipotente.
> —Salmos 91:1, énfasis añadido

> Y *les daré corazón para que me conozcan* que yo soy Jehová; y me serán por pueblo, y yo les seré a ellos por Dios; porque se volverán a mí de todo su corazón.
> —Jeremías 24:7, énfasis añadido

> Pero *hay un Dios en los cielos, el cual revela los misterios*, y él ha hecho saber al rey Nabucodonosor lo que ha de acontecer en los postreros días. He aquí tu sueño, y las visiones que has tenido en tu cama.
> —Daniel 2:28, énfasis añadido

> Antes bien, como está escrito: Cosas que *ojo no vio, ni oído oyó*, ni han subido en corazón de hombre, son las que Dios ha preparado para los que le aman. Pero Dios nos las reveló a nosotros por *el Espíritu*; porque el Espíritu todo lo escudriña, aun lo profundo de Dios.
> —1 Corintios 2:9–10, énfasis añadido

Necesitamos una vista sobrenatural para ver y entender los misterios y los secretos de Dios, pero la maravillosa noticia es que Dios desea que conozcamos sus secretos. La Biblia dice: "Y me buscaréis y me hallaréis, porque me buscaréis de todo vuestro corazón" (Jeremías 29:13). ¿Por qué desea Dios que conozcamos sus secretos? La respuesta podemos encontrarla en Deuteronomio 29:29: "Las cosas secretas pertenecen a Jehová nuestro Dios; mas las *reveladas son para nosotros* y para nuestros hijos para siempre" (énfasis añadido). Los Secretos del Señor le pertenecen a Él hasta que son revelados, entonces nos pertenecen a nosotros.

La salvación era un misterio para mí antes de aceptar a Cristo como mi Salvador. Yo no sabía lo que necesitaba para nacer de nuevo. Pero el 2 de mayo de 1986, el misterio de la salvación me fue revelado y, si simplemente me rendía a él, sería salvo. Muchos cristianos rectos mueren por enfermedades todos los días. Han recibido la revelación de la salvación, pero todavía no han comprendido el misterio de Isaías 53:5, que dice: "Mas él herido fue por nuestras rebeliones, molido por nuestros pecados; el castigo de nuestra paz fue sobre él, *y por su llaga fuimos nosotros curados*" (énfasis añadido).

Una vez que es revelado el misterio del poder sanador de las llagas de Cristo, entonces tenemos acceso a su poder sanador. Cuando lo *vemos*, podemos *tenerlo*. Cuando es revelado el misterio, nos pertenece legítimamente. Es nuestra herencia. Al heredero no le conviene tener una herencia de la que no sabe. Solamente cuando el heredero ve o comprende lo que es suyo legítimamente, puede tomar posesión de ello.

En Efesios 1:17–19, Pablo está orando por el Espíritu Santo que Dios nos dé una revelación de los misterios y los secretos "en el (profundo e íntimo) conocimiento de Él" (Efesios 1:17). Esto se debe a que una vez que vemos los secretos, tenemos acceso a ellos, porque somos "coherederos con Cristo" (Romanos 8:17).

Una de las tareas del Espíritu Santo es mostrarnos los secretos de Dios. Juan 16:13–14 dice: "Pero cuando venga el Espíritu de verdad, *él os guiará a toda la verdad*; porque no hablará por su propia cuenta, sino que hablará todo lo que oyere, y os hará saber las cosas que habrán de venir. El me glorificará; porque *tomará de lo mío, y os lo hará saber*" (énfasis añadido).

Dios desea abrir nuestros ojos espirituales para que veamos (los ojos de nuestro corazón, nuestro entendimiento), "alumbrando los ojos de vuestro entendimiento, para que sepáis cuál es la esperanza a que él os ha llamado" (Efesios 1:18).

Los humanos tenemos dos juegos de ojos. Tenemos nuestros ojos físicos y tenemos nuestros ojos espirituales. Veremos cosas con nuestros ojos espirituales que no veremos con nuestros ojos físicos. La oración del Espíritu Santo es que los ojos de nuestro corazón sean alumbrados. Hablaremos de la razón de esto en el siguiente capítulo, pero basta con decir que cuando recibimos la luz del conocimiento de Cristo entramos en un nuevo nivel de guerra que quebranta la fortaleza de la inseguridad y la inferioridad.

La luz de Jesús

Dios le ordenó a la luz que alumbrara las tinieblas. Segunda de Corintios 4:6 dice: "Porque Dios, que mandó que de las tinieblas resplandeciese la luz, es el que resplandeció en nuestros corazones, para *iluminación del conocimiento de la gloria de Dios* en la faz de Jesucristo" (énfasis añadido). En este punto fue donde la visión me impactó. La luz del conocimiento de la gloria de Dios es revelada en el rostro de Jesús. Vi en una visión clara la Palabra de Dios. Las palabras de 2 Corintios 4:6 estaban suspendidas en el aire y de entre las palabras mismas vi una luz brillante, blanca y azul.

Es la luz más hermosa que he visto y representaba la gloria visible de Dios. Caí de rodillas y grité: "¡La veo! ¡La veo!". Entonces Dios me habló y me dijo: "Me verás a través de mi Palabra".

El espíritu de sabiduría y de revelación vinieron sobre mí y abrieron mis ojos para ver el misterio del evangelio, "que es *Cristo en vosotros, la esperanza de gloria*" (Colosenses 1:27, énfasis añadido). Este acontecimiento cambió mi vida y cambió para siempre el curso de mi ministerio. Fue la revelación de Cristo que cambiaría todo. Como dice Juan 3:2, cuando le veamos tal como es, seremos cambiados.

16
OJOS PARA VER

Alumbrando los ojos de vuestro entendimiento, para que
sepáis cuál es la esperanza a que él os ha llamado.
EFESIOS 1:18

COMO DIJIMOS EN el capítulo anterior, tenemos dos juegos de ojos, porque vivimos en dos mundos. Vivimos en un mundo físico, pero también vivimos en un mundo espiritual. Con nuestros ojos físicos percibimos visualmente el mundo que nos rodea. Con nuestros ojos espirituales (los ojos de nuestro corazón, de nuestro entendimiento) vemos cosas que van más allá del plano físico.

Dios desea llenar los ojos de nuestro corazón con luz, la "iluminación del conocimiento de la gloria de Dios en la faz de Jesucristo" (2 Corintios 4:6). Cuando esto sucede, nos lleva a una nueva dimensión espiritual de guerra que rompe la atadura de la inseguridad y la inferioridad en nuestra vida. Eva fue engañada para comer el fruto, porque perdió la visión. Perdió la visión de la revelación de Dios y por ende, perdió la visión de quién era ella. Nuestra fuerza para vencer al enemigo y para cerrarle la puerta a la inseguridad y a la inferioridad proviene de nuestra capacidad para ver la luz del conocimiento de Cristo. La única razón por la que quedamos sujetos a la inseguridad y la inferioridad es porque no podemos ver como Dios ve.

En su oración de Efesios 1:18, el apóstol Pablo fue a la raíz de la batalla con la inseguridad y la inferioridad, y todas las demás tretas del enemigo. Pablo oró por que los ojos de nuestro entendimiento fueran alumbrados para que supiéramos "cuál es la esperanza a que él os ha llamado".

Dios nos da una visión sobrenatural para que podamos conocer y comprender la *esperanza* de nuestro llamado, la *esperanza* de nuestra salvación, la *esperanza* del propósito de Dios para nuestra vida. Leemos en Colosenses 1:27: "A quienes Dios quiso dar a conocer las riquezas de la gloria de este misterio entre los gentiles; *que es Cristo en vosotros, la esperanza de gloria*". Esta es la raíz de la causa y la solución al problema. Cuando no podemos vernos a nosotros mismos y a los demás como Dios nos ve, nos hacemos vulnerables a los espíritus de inseguridad y de inferioridad.

La oración del Espíritu Santo a través de Pablo resalta la solución necesaria. Debemos tener ojos sobrenaturales para verlo, con tres propósitos distintos. Comprender estos tres propósitos divinos nos dará el poder para cumplir las tareas que Dios nos ha dado individualmente y en conjunto.

La esperanza de nuestro llamado

El primero de los propósitos para la venida de Cristo revelado en Efesios 1:18 es que *conociéramos y comprendiéramos la esperanza de nuestro llamado*. Esto se expresa en dos maneras distintas. Si les preguntamos a la mayoría de cristianos cuál es su propósito en la Tierra, ellos no podrán dar una respuesta específica. Pueden recitar algunos versículos acerca de evangelizar y proclamar las alabanzas de Dios, pero claramente en su vida diaria estas son solamente palabras y no revelación. No podemos comprender completamente nuestro llamado hasta que comprendemos el llamado de Jesús.

La mayoría de cristianos nos dirá que la razón principal por la cual Jesús vino a la Tierra fue para pagar el precio de nuestros pecados. Deseo mostrarle que vino para un propósito mucho mayor y que la obra que llevó a cabo en la cruz es mucho mayor que solamente perdonar nuestros pecados.

Jesús, en los Evangelios y el Espíritu Santo en las epístolas, se refieren constantemente al propósito por el cual Jesús vino a la Tierra:

> Como el Hijo del Hombre no vino para ser servido, sino para servir, y para dar su vida en rescate por muchos.
>
> —MATEO 20:28

> *Yo he venido para que tengan vida,* y para que la tengan en abundancia.
>
> —JUAN 10:10, ÉNFASIS AÑADIDO

> *Y esta es la vida eterna: que te conozcan a ti,* el único Dios verdadero, y a Jesucristo, a quien has enviado. *Yo te he glorificado en la tierra; he acabado la obra que me diste que hiciese.*
>
> —JUAN 17:3–4, ÉNFASIS AÑADIDO

> *Para que todos sean uno;* como tú, oh Padre, en mí, y yo en ti, que también ellos sean uno en nosotros; para que el mundo crea que tú me enviaste. *La gloria* que me diste, yo les he dado, para *que sean uno, así como nosotros somos uno.* Yo en ellos, y tú

en mí, para *que sean perfectos en unidad*, para que el
mundo conozca que tú me enviaste, y que los has
amado a ellos como también a mí me has amado.
                    —Juan 17:21–23, énfasis añadido

Y el propósito que para la venida de Cristo que lo engloba
todo se encuentra en 1 Juan 3:8: "Para esto apareció el Hijo de
Dios, *para deshacer las obras del diablo*" (énfasis añadido). Jesús
no solamente vino para perdonar nuestros pecados. Él vino
para restituirnos por completo *todo* lo que se había perdido en
el huerto, para reconciliarnos con nuestro propósito original,
el cual solamente puede encontrarse en la revelación de Dios.

Dios creó al hombre a su imagen y semejanza (Génesis
1:27). Cunado el hombre pecó, no solamente fue echado del
huerto de Edén, sino que perdió también su conexión con la
gloria de Dios. El propósito del hombre no era solamente ser
una criatura o caminar con Dios. Dios creó a la humanidad
para que Él pudiera habitar eternamente dentro del hombre y
pudiera expresarse a través de él.

Dios deseaba compartir todo lo que tiene y todo lo que
es con alguien, de manera que creó al hombre. Cuando el
hombre pecó, eso separó al hombre de Dios y frustró los
planes de Dios. Entonces Dios puso en marcha inmediatamente su estrategia de no solamente perdonar al hombre,
sino restaurarle el propósito original de Dios, el cual era tener
alguien con quien pudiera compartirse.

Es por ello que Cristo vino, para restaurar al hombre al
lugar que el Padre siempre deseó que tuviera. Él deseaba compartir con nosotros su gloria. Cristo vino por esta razón: para
restaurar la gloria.

> El misterio que había estado oculto desde los
> siglos y edades, pero que ahora ha sido mani-
> festado a sus santos, a quienes Dios quiso dar a
> conocer las riquezas de la gloria de este misterio
> entre los gentiles; *que es Cristo en vosotros, la espe-*
> *ranza de gloria.*
> —Colosenses 1:26–27, énfasis añadido

> Porque en él habita corporalmente toda la ple-
> nitud de la Deidad (Padre, Hijo y Espíritu Santo),
> *y vosotros estáis completos en él*, que es la cabeza de
> todo principado y potestad.
> —Colosenses 2:9–10, énfasis añadido

Debemos llevar a una revelación del hecho de que una de
las razones por las que Cristo vino y murió por nosotros fue
para restituirnos el propósito original de Dios al crearnos.
Hemos recibido la posición más alta de todas las criaturas del
universo. Hemos sido predestinados por Dios para ser confor-
mados a su imagen, para ser como Él, "porque a los que antes
conoció, también los predestinó para que fuesen hechos con-
formes a la imagen de su Hijo" (Romanos 8:29).

Dios nos diseñó para ser uno con Él por la eternidad.
Efesios 5:31–32 dice: "Por esto dejará el hombre a su padre y
a su madre, y se unirá a su mujer, y *los dos serán una sola carne*.
Grande es este misterio; *mas yo digo esto respecto de Cristo y de*
la iglesia" (énfasis añadido).

Él nos ha colocado en la posición más alta que existe. Él
nos ha dado el valor más alto que existe. Cuando el Cuerpo
de Cristo comprenda esta revelación de verdad, destruirá la
inferioridad. Recuerde que la inferioridad es la sensación de
estar en una posición o condición menor. La revelación de la

esperanza de su llamado, que es ser uno con Cristo, destruye la mentira de la inferioridad.

Conocer la esperanza de nuestro llamado también nos afectará en nuestra vida diaria. Cuando comprendamos el propósito de Cristo, el propósito diario de nuestra vida también comenzará a enfocarse. Mientras no comprendamos a qué estamos llamados aquí en la Tierra, tendremos vidas sin fruto e ineficaces. La falta de un propósito claro le abre la puerta al enemigo. Proverbios 28:18 aclara que: "*Sin profecía* el pueblo se *desenfrena*; mas el que guarda la ley es bienaventurado" (énfasis añadido). La Nueva Traducción Viviente lo muestra de esta manera: "Cuando la gente no acepta la *dirección divina*, se *desenfrena*. Pero el que obedece la ley es alegre" (énfasis añadido).

Cuando al pueblo le falta una visión clara, una revelación y un propósito, este se desenfrena. Una clara visión nos da el poder de ser disciplinados moralmente. El apóstol Juan lo explica de esta manera: "Amados, ahora somos hijos de Dios, y aún no se ha manifestado lo que hemos de ser; pero sabemos que cuando él se manifieste, seremos semejantes a él, porque le veremos tal como él es. Y todo aquel que tiene esta esperanza en él, se purifica a sí mismo, así como él es puro" (1 Juan 3:2–3).

En la actualidad en el mundo, muchos motivadores enseñan que la persona debe tener una misión o un propósito claramente definido para poder llevar a cabo algo grande. Estos conferencistas han accedido a una característica que Dios planeó en el hombre. Es la fuerza motivadora que proporciona un propósito claro la que le da la fuerza al hombre para llevar a cabo más de lo que la gente cree posible. Esta cualidad de la naturaleza humana, cuando la rendimos a la revelación de Cristo, nos dará el poder de sobresalir en todo lo que nuestras manos lleven a cabo. Nada debe ser imposible a través del poder de Cristo y de su Palabra en nosotros. Juan 15:7 dice: "Si permanecéis en mí, y mis palabras permanecen en vosotros, pedid todo lo que queréis, y os será hecho".

La esperanza de nuestra herencia

Dios desea que comprendamos la esperanza de nuestro llamado no solamente a través del espíritu de sabiduría, sino también desea que sepamos cuáles *las riquezas de la gloria de su herencia* en los santos (Efesios 1:18). Para revertir la obra de Satanás en el huerto y cerrarle para siempre la puerta al enemigo, Dios desea que nos demos cuenta de que hemos recibido todo lo que Él tiene. Dios no se ha quedado con nada de lo que tiene de la Iglesia. Él puso en nosotros un valor que no puede compararse y nos dio todo lo que tiene, que es más de lo que nuestra mente puede comprender.

La Biblia dice que Jesús es el heredero legal de *todo*:

> En estos postreros días nos ha hablado *por el Hijo*, a quien constituyó *heredero de todo,* y por quien asimismo hizo el universo; el cual, siendo el resplandor de su gloria, y la imagen misma de su sustancia, y quien sustenta todas las cosas con la palabra de su poder, habiendo efectuado la purificación de nuestros pecados por medio de sí mismo, se sentó a la diestra de la Majestad en las alturas, hecho tanto superior a los ángeles, cuanto heredó más excelente nombre que ellos.
>
> —Hebreos 1:2–4, énfasis añadido

Y cuando aceptamos el don de la salvación de Cristo, nos convertimos en coherederos con Él (vea Romanos 8:16–17). Dios no nos ha escondido nada: "El que no escatimó ni a su propio Hijo, sino que lo entregó por todos nosotros, ¿cómo no nos dará también con él todas las cosas?" (Romanos 8:32).

Dios dice que nos dará cualquiera cosa que pidamos en el nombre de Jesús.

> Si permanecéis en mí, y mis palabras permanecen en vosotros, pedid todo lo que queréis, y os será hecho. *En esto es glorificado mi Padre*, en que llevéis mucho fruto, y seáis así mis discípulos.
> —Juan 15:7–8, énfasis añadido

> En aquel día no me preguntaréis nada. De cierto, de cierto os digo, que *todo cuanto pidiereis al Padre en mi nombre, os lo dará*. Hasta ahora nada habéis pedido en mi nombre; *pedid, y recibiréis*, para que vuestro gozo sea cumplido.
> —Juan 16:23–24, énfasis añadido

Muchos cristianos han citado estos versículos una y otra vez durante los años, pero la realidad es que no lo han visto realmente en acción. Así que van por la vida citando y orando, y no ven ningún fruto en realidad. Paso a paso, el enemigo desafía una vez más la veracidad de Dios al hacer que nos preguntemos: "¿La Palabra funciona de verdad?". Aunque muchos cristianos no lo admitan, ellos no creen de verdad que cualquiera cosa que pidan en el nombre de Jesús, Dios la hará. Dudan en su corazón. La Biblia dice que quienes duden, no recibirán nada.

> Pero pida con fe, no dudando nada; porque el
> que duda es semejante a la onda del mar, que es
> arrastrada por el viento y echada de una parte a
> otra. *No piense, pues, quien tal haga, que recibirá*
> *cosa alguna del Señor.* El hombre de doble ánimo es
> inconstante en todos sus caminos.
> —SANTIAGO 1:6–8, ÉNFASIS AÑADIDO

Sembrar semillas de duda es una de las grandes trampas de Satanás. Cuando oramos dudando y titubeando, no recibimos nada, lo cual refuerza la duda, que a su vez lleva a más oraciones sin respuesta y a un círculo vicioso de derrota. El problema se resume a una falta de revelación; a no poder ver con los ojos espirituales que Dios ya nos ha dado todo lo que le pertenece. Es nuestra herencia legal, porque somos coherederos con Él.

Examinemos la fe durante un momento. La palabra *fe* viene de la palabra griega *pistis,* que significa fidelidad o lealtad a una autoridad.[1] La fe no es un sentimiento. Es una condición de ser. Es una lealtad a Dios y a su Palabra. En pocas palabras, es una elección deliberada de creer y obedecer la Palabra de Dios, a pesar de nuestras circunstancias.

Podemos hacer esto solamente cuando recibimos una revelación más profunda de Jesús. Cuando lo vemos, nos volvemos como Él. Somos cambiados a su imagen y naturaleza. Tomamos su carácter. Solamente entonces podemos orar verdaderamente en fe y ver que todo lo que pedimos nos es hecho en el nombre de Jesús. Cuando comencemos a ver y a comprender que Dios nos ha dado todas las cosas y que somos verdaderamente coherederos con Cristo, entonces comenzaremos a conducirnos por el camino de la verdadera libertad. Estas

verdades deben volverse más que palabras. Deben estar vivas
en nuestro interior.

Un poder ilimitado

El tercer avance que nos da el espíritu de sabiduría y de revelación es la victoria sobre la inseguridad. Esta nos dará una
confianza tal en Cristo y en su poder que *nada* podrá sacu-
dirnos jamás. Efesios 1 revela una verdad asombrosa acerca del
increíble poder de Dios.

> Y cuál la supereminente grandeza de su poder
> *para con nosotros* los que creemos, según la ope-
> ración del poder de su fuerza, la cual operó en
> Cristo, resucitándole de los muertos y sentándole
> a *su* diestra en los lugares *celestiales*.
> —Efesios 1:29–20, énfasis añadido

El mismo poder que levantó a Cristo de entre los muertos,
el poder ilimitado y sobrenatural de Dios, es *para con nosotros*. El mismo poder que dijo: "Sea la luz", y fue la luz; el
mismo poder por el que subsiste el universo; el mismo poder
que dividió el mar Rojo; el mismo poder que envió fuego del
cielo para consumir la ofrenda de Elías, que liberó a Daniel
del foso de los leones y destruyó a los enemigos que se levan-
taron contra Gedeón; ese mismo poder es *para con nosotros*
(vea Génesis 1:3; Colosenses 1:17; Éxodo 14:21; 1 Reyes 18:38;
Daniel 6:22; Jueces 7:15).

Efesios 3:20 dice que Dios: "Es poderoso para hacer todas
las cosas mucho más abundantemente de lo que pedimos o
entendemos, *según el poder que actúa en nosotros*" (énfasis añadido). Y 2 Corintios 4:7 nos dice: "Pero tenemos este tesoro en

vasos de barro, para que la excelencia del poder sea de Dios, y no de nosotros".

¿Con qué frecuencia el enemigo utiliza nuestras circunstancias para hacernos sentir impotentes? Cuando atravesamos circunstancias difíciles, a menudo sentimos que no hay nada que podamos hacer. Sentimos que no tenemos el control. Este es el mero propósito del terrorismo: hacer que la gente se sienta impotente ante la violencia, al punto de simplemente rendirse. Esta sensación de impotencia es tan perturbadora que la gente hace cualquier cosa por recuperar su sensación de poder y seguridad, incluso si eso significa rendirse.

¿Por qué países enteros se rindieron ante Alemania en la Segunda Guerra Mundial? Porque temían no tener el poder para derrotar a Hitler y a su ejército. Temían que si intentaban defenderse, sufrirían pérdidas mayores que si simplemente retrocedían. Así que después de ser atacados, muchos países les entregaban el control a los alemanes sin pelear.[2]

Esto también les sucedió a muchos judíos. Cuando los alemanes comenzaron a llevar a los judíos a los guetos, muchas personas seguían las órdenes de realojamiento. Aunque vivir en esos barrios significara un nivel de esclavitud, ellos pensaron que era mejor que morir. Vieron la fuerza del ejército alemán y sintieron que no podían vencerlos en batalla.[3] Por lo tanto, solamente tenían dos opciones: morir o rendirse. Y muchos se rindieron.

Los alemanes aumentaron el control paso a paso y les quitaron sus libertades a los judíos poco a poco. Se enfrentaban con dos opciones a cada paso: pelear y probablemente morir, o rendirse. La mayoría se dirigieron por el camino de la rendición. Hemos visto esto una y otra vez a lo largo de la historia en muchas naciones y pueblos.

La opresión Nazi continuó. Los alemanes se llevaron a los

judíos de los barrios y comenzaron a colocarlos en "campos de trabajos forzados", mejor conocidos como campos de concentración. Se acentuó la esclavitud, aumentó el sufrimiento, y la muerte que ellos intentaban evitar al rendirse los alcanzó.

Lo mismo sucede en el reino espiritual en la actualidad. El enemigo ha estado atacando a los cristianos. Él ha estado amenazándonos a través de la inseguridad y la inferioridad. Ha convencido a muchos cristianos, incluyendo predicadores, de que mientras estemos aquí en la Tierra, nunca podremos conquistar la carne. Escuchamos una y otra vez que mientras estemos en la carne, pecaremos. Cuando lo creemos, ya hemos comenzado a ir por el camino de la rendición. Si le damos a Satanás un centímetro, poco a poco acentuará su control y hará crecer nuestro sufrimiento.

Cuando creemos que no podemos dejar de ser esclavos del pecado, creemos la mentira de que el poder de la cruz no es suficiente. Creemos que el poder del pecado es tan grande y que lo mejor que podemos hacer es evitar algunos pecados. Nos convencemos tanto de que no podemos ganar, que nos rendimos fácilmente. Simplemente aceptamos algunas "batallas" en nuestra vida como parte de quienes somos. En un intento por espiritualizar nuestra situación, incluso decimos que esta área de pecado es un aguijón en nuestra carne (2 Corintios 12:7).

Esta mentalidad permite que el enemigo obtenga más control a través del temor y la intimidación, hasta que nos encontramos viviendo una vida de derrota. Seguimos deliberadamente las órdenes de Satanás, porque en nuestro corazón no creemos tener el poder para vencer al enemigo. ¡El diablo es un mentiroso! La Biblia es clara acerca de la autoridad que tenemos en Cristo. Jesús dijo: "He aquí os doy potestad de hollar serpientes y escorpiones, y *sobre toda fuerza del enemigo,* y nada os dañará" (Lucas 10:19, énfasis añadido). Y en Mateo se nos promete que Dios nos ha dado el poder de atar las obras del enemigo:

> De cierto os digo que todo lo que atéis en la tierra, será atado en el cielo; y todo lo que desatéis en la tierra, será desatado en el cielo. Otra vez os digo, que si dos de vosotros se pusieren de acuerdo en la tierra acerca de cualquiera cosa que pidieren, les será hecho por mi Padre que está en los cielos. Porque donde están dos o tres congregados en mi nombre, allí estoy yo en medio de ellos.
>
> —MATEO 18:18–20

Hemos recibido poder y autoridad. Tenemos el derecho de ejercer el poder hacedor de milagros de Dios. Debido a la falta de revelación del poder que está en quienes creemos, le permitimos al enemigo no solamente mantenernos esclavizados por el pecado, sino también evitar traer el poder de resurrección de Cristo al mundo. Decimos cosas como: "No tengo el don de sanidad o el poder de obrar milagros. Dios se lo ha dado a ciertas personas como Morris Cerullo o Benny Hinn". El diablo es un mentiroso. La Biblia es clara al decir que *todos* podemos caminar en el poder sobrenatural de Dios. Jesús dijo:

> "Y estas señales seguirán (*no es una probabilidad*) a los que creen: En mi nombre *echarán fuera demonios*; *hablarán nuevas lenguas*; *tomarán en las manos serpientes*, y si bebieren cosa mortífera, no les hará daño; *sobre los enfermos pondrán sus manos*, y sanarán.
>
> —MARCOS 16:17–18, ÉNFASIS AÑADIDO

El espíritu de sabiduría y de revelación nos dará acceso al poder para vencer al enemigo y para mostrarle al mundo que Jesús es quien afirma ser. ¡Alabado sea el Señor! La plenitud de Cristo y de su poder nos ha sido dado. Él está en nosotros. No hay poder alguno del infierno o de la tierra que pueda aplastar lo que hay en nosotros. Estamos completamente asegurados, por causa de Aquel que vive en nosotros.

Primera de Juan 4:4 nos lo asegura. Declara: "Hijitos, vosotros sois de Dios, y los habéis vencido; porque *mayor es el que está en vosotros, que el que está en el mundo*" (énfasis añadido). Y una vez más leemos en Isaías 54:17: "Ninguna arma forjada contra ti prosperará, y condenarás toda lengua que se levante contra ti en juicio. Esta es la herencia de los siervos de Jehová, y su salvación de mí vendrá, dijo Jehová".

Dios desea darnos el espíritu de sabiduría y de revelación para que conozcamos la esperanza de nuestro llamado, nuestra herencia y el poder que está en nosotros, y que es para nosotros. A medida de que la revelación de Cristo continúe actuando en nosotros, esta eliminará toda puerta abierta que el enemigo tenga para plantar inseguridad e inferioridad. Sin esas dos raíces, todos los demás espíritus demoníacos no tienen nada de qué asirse y su poder es fácilmente quebrantado.

17
CAMINAR EN LIBERTAD

Acercaos a Dios, y él se acercará a vosotros. Pecadores, limpiad las
manos; y vosotros los de doble ánimo, purificad vuestros corazones.
SANTIAGO 4:8

L A REVELACIÓN DE la inseguridad y la inferioridad continuará creciendo en nuestra vida. Cuando Dios abra sus ojos, usted verá la verdad de la obra de Dios y cómo es que estos dos demonios afectan mucho de lo que hacemos. El poder de la revelación de Cristo para quebrantar estas fortalezas, no puede ser subestimado. Es por ello que el enemigo lucha tanto en nuestra vida y en nuestra iglesia para alejarnos de la verdadera profundidad de esta revelación.

Satanás ha hecho un trabajo imperioso al provocar que la iglesia se distraiga llevando a cabo programas y estrategias de crecimiento que apaciguan a las masas, pero que realmente hacen poco para llevar a la gente a las profundidades de la revelación que los liberará. Este avance no es una experiencia superficial. No caminaremos en una total victoria al simplemente asistir a la iglesia los domingos por la mañana, asistir de vez en cuando a un estudio bíblico, pagar los diezmos y ser una buena persona.

Todos necesitamos ir más profundamente en el Espíritu a un lugar que solamente encuentran aquellos que realmente

buscan las riquezas de la gloria de Dios. La Biblia es clara al
decir que cuando lo busquemos, lo encontraremos. Hebreos
11:6 dice: "Pero sin fe es imposible agradar a Dios; porque
es necesario que el que se acerca a Dios crea que le hay, y
que es galardonador de los que le buscan". Y una vez más,
Santiago 4:8 dice: "Acercaos a Dios, y él se acercará a vosotros. Pecadores, limpiad las manos; y vosotros los de doble
ánimo, purificad vuestros corazones".

Dios le revela sus misterios y sus secretos a aquellos
que están apasionados y comprometidos con buscar la santidad. Leemos en Mateo 5:8: "Bienaventurados los de limpio
corazón, porque ellos verán a Dios". Y Hebreos 12:14 dice:
"Seguid la paz con todos, y la santidad, sin la cual nadie verá
al Señor".

Lamentablemente, la mayor parte de la Iglesia moderna
está más interesada en disfrutar el servicio de adoración, enviar
a sus hijos a un buen programa para niños y convivir con sus
amigos cristianos, que en buscar una relación profunda de
entrega y compromiso con Dios. Nos sentimos cómodos con
la liturgia y comprometidos con nuestra autocomplacencia.

El problema del mundo en la actualidad no es tanto el
pecado o el mal. El problema es que hay muy poca revelación
de Jesús. La luz disipa las tinieblas y la luz de la revelación de
Cristo destruye las tinieblas de este mundo. Esta es la batalla
de nuestra vida, la batalla de nuestra mente. ¿Qué palabras
dominan y controlan nuestra manera de pensar? Quien controla la mente del hombre controla al hombre.

Si los pensamientos de inseguridad y de inferioridad
gobiernan cada área de nuestra mente, entonces el enemigo
tiene una fortaleza sobre la cual *emprenderá* ataques en el
futuro. Si los pensamientos de Cristo gobiernan nuestra
mente, entonces seremos realmente libres en todas las áreas.

Tómese el tiempo de volver a leer este libro y meditar en las verdades y los versículos que se presentan aquí. Permita que el Espíritu Santo le dé un entendimiento divino en su interior, de manera que pueda comenzar a caminar por la senda de la libertad. Satanás no ha cambiado sus tácticas desde el comienzo. Él emprende el mismo plan de ataque en la actualidad que emprendió en el huerto de Edén. Cuando identifiquemos y abordemos estos ataques del enemigo a través del espíritu de sabiduría y de revelación, las victorias en las que caminemos serán asombrosas. Cristo será realmente formado en nosotros y el mundo verá la verdad de Juan 8:36: "Así que, si el Hijo os libertare, seréis verdaderamente libres".

NOTAS

CAPÍTULO 2
UNA TRAMPA EN EL HUERTO

1.   Webster's New World Dictionary [Nuevo Diccionario del Nuevo Mundo de Webster] (Nueva York: Simon & Schuster, 1984), s.v. "inseguridad".

2.   Ibíd., s.v. "inferioridad".

CAPÍTULO 6
LA IDENTIDAD PERDIDA

1.   James Thompson y Edgar Johnson, *An Introduction to Medieval Europe 300–1500* [Una introducción a la Europa Medieval 300–1500] (Nueva York: W.W. Norton and Company, 1937), 30, 36;

CAPÍTULO 9
LAS CLAVES PARA UNA GUERRA ESPIRITUAL EXITOSA

1.   Mira Kirschbaum, "Improve Your Outlook: Don't Be So Quick to Blame Your Exhaustion on Something Physical: It Could Be Your Emotions" [Mejore su perspectiva: No se apresure a culpar a su agotamiento por algo físico: Podrían ser sus emociones], *Shape*, Abril 2004, http://findarticles.com/p/articles/mi_m0846/is_8_23/ai/114749396/ (consultado el 8 de septiembre de 2011).

CAPÍTULO 10
EL VERDADERO Y EL FALSO ARREPENTIMIENTO

1.   *Nueva Concordancia Strong Exhaustiva: Con Diccionario Hebreo-Griego* (Nashville: Grupo Nelson, 2002), s.v. *"metanoeo"*, N.T. 3340.

2.   Ibíd., s.v. *"exousia"*, N.T. 1849.

Capítulo 11
La jugada final de Satanás

1.   *Nueva Concordancia Strong Exhaustiva: Con Diccionario Hebreo-Griego* (Nashville: Grupo Nelson, 2002), s.v. "exousia", N.T. 1849.

2.   *Nelson's Illustrated Bible Dictionary* [Diccionario Bíblico Ilustrado Nelson] (Nashville: Thomas Nelson Publishers, 1986), s.v. "hosanna".

Capítulo 13
Los muros de temor

1.   Robert Jamieson, A.R. Fausset y David Brown, *Comentario exegético y explicativo de la Biblia* (El Paso, TX: Casa Bautista de Publicaciones, agosto 2003).

2.   *Nueva Concordancia Strong Exhaustiva: Con Diccionario Hebreo-Griego* (Nashville: Grupo Nelson, 2002), s.v. *"tharseo"* N.T. 2293.

Capítulo 14
El poder del amor ágape

1.   Nueva Concordancia Strong Exhaustiva: Con Diccionario Hebreo-Griego (Nashville: Grupo Nelson, 2002), "agapao", N.T. 25.

2.   Ibíd., s.v. *"phileo"*, N.T. 5368.

3.   Ibíd., s.v. *"martus"*, N.T. 3144.

Capítulo 15
Espíritu de sabiduría y de revelación

1.   *Los productores de las pruebas*, Cinta 1, Evangelismo Mundial de Morris Cerullo, 1983.

CAPÍTULO 16
OJOS PARA VER

1.   *Nueva Concordancia Strong Exhaustiva: Con Diccionario Hebreo-Griego* (Nashville: Grupo Nelson, 2002), s.v. *"pistis"*, N.T. 4102.

2.   Museo Conmemorativo del Holocausto de los Estados Unidos, "La Segunda Guerra Mundial en Europa", http://www.ushmm.org/wlc/en/article.php?ModuleId=10005137 (consultado el 12 de septiembre de 2011).

3.   Museo Conmemorativo del Holocausto de los Estados Unidos, "Guetos", http://www.ushmm.org/wlc/en/article.php?ModuleId=10005059 (consultado el 12 de septiembre de 2011).